MW00779973

Cristo,
nuestra vida

Andrew Murray

CRISTO, NUESTRA VIDA
Edición en español publicada por
Editorial Vida — 2007
© 2007 Editorial Vida
Miami, Florida

Originally published in English under the title:
Christ our Life by **Andrew Murray**
Copyright © **2004** by *Lux Verbi.BM*
Published by **Lux Verbi.BM**
P. O. Box 5, Wellington, South Africa
Tel.: 021.864.8200 - www.christians.co.za
All non-English rights are contracted through:
Gospel Literature International,
PO Box 4060 Ontario, CA 91761-1003, USA

Traducción y edición: *Evelyn Saint*
Diseño interior: *Good Idea Productions, Inc.*
Diseño de cubierta: *Grupo Nivel Uno, Inc.*

ISBN — 10: 0-8297-4571-8
ISBN — 13: 978-0-8297-4571-9

Categoría: RELIGIÓN / Vida cristiana / General

Impreso en Estados Unidos de América
Printed in the United States of America

07 08 09 10 ❖ 6 5 4 3 2 1

Contenido

Avivamiento Espiritual

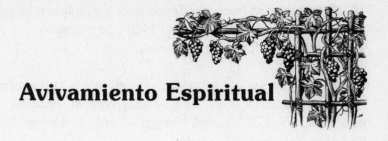

Los pasados cincuenta o más años han visto un notable resurgimiento del interés entre cristianos evangélicos, carismáticos y otros cristianos por las vidas, ministerios y escritos de muchos de los grandes gigantes espirituales de antaño. Esta tendencia interesante y animadora es particularmente evidente en la creciente demanda de la literatura escrita por autores del pasado de la fe tales como Oswald Chambers, Andrew Murray y Charles Haddon Spurgeon. Libros de estos y escritores similares figuran con eminencia en las secciones de listados anteriores y estadísticas de best-sellers de muchos de los publicadores cristianos principales de hoy. Se podría especular respecto a las razones que hay detrás de este fenómeno continuo; pero sin duda una respuesta yace en el deseo de muchos cristianos contemporáneos de conectarse nuevamente con algunos de los pioneros del pasado del avivamiento espiritual.

Las Series de Avivamiento Espiritual son unas series nuevas en desarrollo que apuntan a proveer algunos de los mejores escritos de estos grandes líderes del pasado. Mientras ellos representaron un amplio espectro de la fe cristiana, todos estos autores compartieron una idéntica pasión respecto a lo que en sus tiempos se tildaba popularmente de «la vida espiritual más profunda». Los aspectos comunes de sus predicaciones y escritos incluyen:

☞ la necesidad de la experiencia personal

🖎 el compromiso frecuente de todos los creyentes en la lectura bíblica, oración y la distribución del evangelio

🖎 un fuerte compromiso con las misiones

Sumados a los ya mencionados, los escritores cuyas obras están siendo actualmente consideradas para la inclusión en estas series son G. Campbell Morgan, Charles G. Finney, Martín Lutero, y George Whitefield.

Andrew Murray, heraldo del avivamiento

A ndrew Murray nació el 9 de mayo de 1828, en un pequeño pero atractivo pueblo de Graaff Reinet, en lo que hoy es conocido como la provincia del este de Sudáfrica.

Ministerio Temprano

Durante sus primeros años sus responsabilidades pastorales, que a menudo incluían viajar por caminos difíciles y peligrosos, cubrían una vasta área de unos 80.000 kilómetros cuadrados y alcanzaba una congregación extendida de unas 12.000 almas.

Avivamiento

Murray fue llamado a Worcester en 1860. Se estableció en un tiempo en el que grandes avivamientos estaban llevándose a cabo en Gran Bretaña, Suecia y América. Las noticias de lo que Dios estaba haciendo ya alcanzaba Sudáfrica, con el resultado de que muchos ministros y miembros de las iglesias anhelaban que un derramamiento similar de su Espíritu tomase lugar en su propia tierra.

A su llegada al pueblo, Murray asistió y participó en una conferencia inter-eclesiástica que se estaba llevando a cabo allí. Es el consenso general que fue este evento el que disparó el avivamiento poderoso que continuó inmediatamente, y que comenzó con una oración que hizo Murray en esa reunión memorable.

En los meses siguientes, el fuego se esparció a numerosos otros pueblos en el área, y luego más allá del Cabo al Estado Libre de Orange y el Transvaal.

El ministerio extensivo de Murray

Después de cuatro o más años de labor fructífera centrada en Worcester, se mudó a la «Ciudad Madre» de Ciudad del Cabo, donde ministró por otros siete años. Luego, el 21 de septiembre de 1871, aceptó el llamado a Wellington, donde desarrolló el período mayor y más significativo en su vida y ministerio.

Durante los años siguientes, su intenso celo misionero lo llevó a participar en la fundación directa o indirecta de por lo menos cinco organizaciones misioneras.

Su presencia en el púlpito era magnética. Su seriedad movía a la gente. Sin embargo, nunca se vio a sí mismo como un orador, sino tan solo como un siervo del evangelio. H.V. Taylor escribió lo siguiente sobre él en *The British Weekly* [El Semanario Británico] del 6 de diciembre de 1894: «Cuando está predicando o conduciendo un servicio, su ser entero se arroja en la tarea, y brilla con un fervor de espíritu que pareciera imposible de sostener para la carne humana. La sinceridad y un poder de tipo eléctrico emanan de él, y afectan tanto a la gran audiencia como al callado círculo reunido a su alrededor».

Fue uno de los escritores cristianos más prolíficos, entre 1880 y su muerte, ni un año pasaba en el cual no escribiera ni publicara algún libro. Su mensaje respecto a una vida y compromiso más profundos con Cristo ha continuado asegurando la reimpresión de cantidades de sus escritos.

Andrew Murray fue, y todavía lo es, reconocido internacionalmente como un líder cristiano estimado y respetado de su tiempo. Pasó a estar con el Señor el 18 de enero de 1917.

Prólogo por Bruce Wilkinson

El secreto de una nueva vida en Cristo, no radica en tratar de ser una mejor persona, ni en tratar infructuosamente de imitar la perfección de Jesús. Al contrario, es nada más y nada menos que Jesús mismo viviendo la vida de su Padre en nuestro interior. Es solo cuando esta verdad gloriosa amanece en nosotros, que Jesucristo se nos puede revelar en toda su gracia y gloria.

¿Acaso no saben que su cuerpo es templo del Espíritu Santo, quien está en ustedes y al que han recibido de parte de Dios? Ustedes no son sus propios dueños; fueron comprados por un precio. Por tanto, honren con su cuerpo a Dios (1 Corintios 6:19-21).

El secreto está en permitir que Dios sea en ti lo que él ya es. Tratar de ser otra persona que no somos, es solo una pérdida de energía. Inmediatamente de haber nacido de nuevo en el Espíritu, Jesús entró en tu ser (en lo más íntimo): al «Lugar Santísimo» que está dentro de ti. Cristo mismo es la verdadera esencia de quién eres ahora. No permitas que lo que *tú* no eres, le usurpe el lugar a aquello que *él* es.

Para la mente natural, *Ya no vivo yo sino que Cristo vive en mí*, puede parecer un concepto incomprensible e increíble; pero para el creyente cuyo corazón ha sido iluminado por el Espíritu de verdad, es una verdad gloriosa y una realidad que puede ser experimentada permanentemente.

Prefacio por Andrew Murray

En Gálatas 2:20, Pablo hace una gloriosa confesión de fe: *He sido crucificado con Cristo, y ya no vivo yo sino que Cristo vive en mí. Lo que ahora vivo en el cuerpo, lo vivo por la fe en el Hijo de Dios, quien me amó y dio su vida por mí.* Quiero llamar la atención, en particular, a dos frases que usa Pablo, *por mí* y *en mí*, porque allí se encuentra el secreto doble de la vida cristiana. Del primero dice, *Lo vivo por la fe en el Hijo de Dios, quien me amó y dio su vida por mí.* Del otro, dice, *Ya no vivo yo sino que Cristo vive en mí.*

Por mí señala al fundamento de nuestra fe: Cristo cargó nuestros pecados por nosotros; mientras que *en mí* habla de la fuente de nuestra vida: Cristo viviendo en nosotros. La mayoría de los creyentes no llegan más allá que del *por mí*. Ellos comprenden poco o nada del hecho de que el cristiano vive gracias a la vida real de Cristo morando en el interior. Nuestro Señor se refirió a esto cuando habló de que nosotros permanecíamos en él y él en nosotros: *En aquel día*, dijo, *ustedes se darán cuenta de que yo estoy en mi Padre, y ustedes en mí, y yo en ustedes* (Juan 14:20).

Nuestra fe deberá continuar descansando en el hecho de que Cristo fue crucificado *por nosotros* de manera que pueda permanecer *en nosotros* como nuestra vida. El cristiano que no se aventura más lejos que de «Cristo *por mí*», termina con una vida espiritual empobrecida; porque la meta final de aquello que Jesús promete es Cristo *en mí*. Ninguna otra cosa salvo su permanencia en nosotros nos permitirá vivir para la gloria del Padre.

El mensaje de *Cristo, nuestra vida* es glorioso: mayormente, que como el Hijo de Dios una vez llevó una vida humana aquí en la tierra, ahora desea continuarla en cada creyente.

Que Dios el Padre, en nuestra hora quieta diaria, nos enseñe por su Espíritu a tener comunión con nuestro Señor Jesús, para que como Pablo también podamos decir: *Ya no vivo yo sino que Cristo vive en mí.*

PARTE 1:

La vida del creyente

Y [Dios] dijo: «Hagamos al ser humano a nuestra imagen y semejanza».

Génesis 1:26

Cuando Cristo, que es la vida de ustedes, se manifieste, entonces también ustedes serán manifestados con él en gloria.

Colosenses 3:4

El plan de salvación de Dios

En los versículos de presentación de Génesis, nos encontramos por primera vez con el pensamiento de que fue la intención de Dios desde el mismo comienzo, el hacer al hombre un ser semejante a Dios, alguien a su imagen. Viviría en completa dependencia de Dios, y recibiría de él lo que es santo y bendito. Su gloria, santidad y amor morarían, llenarían al hombre e irradiarían de él.

Después de que Adán pecó y trajo muerte sobre sí mismo y sus descendientes, Dios dio la promesa de un segundo Adán: una mujer daría a luz a un hombre, el Hijo de Dios quien rompería el poder de Satanás y del pecado.

Pablo, en Romanos 5:14, nos dice que el primer Adán fue una *figura de aquel que había de venir*. El primero trajo la maldición del pecado y de la muerte sobre sus descendientes. En consecuencia, la naturaleza pecaminosa ha reinado en cada uno de aquellos que vinieron después de él. Sin embargo, el segundo Adán por su muerte nos libró del poder de ambos, y ahora vive en cada uno de sus hijos redimidos como su vida.

La intención original de Dios en la creación es así continuada en Cristo. El Nuevo Testamento, se refiere a los hijos de Dios, como a seres predestinados para ser semejantes a su Hijo. La expectativa está expresada en 2 Corintios 3:18: «*Así, todos nosotros, que con el rostro descubierto reflejamos como en un espejo la gloria del Señor, somos transformados a su semejanza con más y más gloria por la acción del Señor, que es el Espíritu*». Tan solo en unos versículos anteriores, Pablo habló de la mayor gloria del ministerio del Espíritu Santo.

Tenemos la tendencia a pensar de Cristo como simplemente reinando en el cielo, y que de alguna forma desde allí, vive «en» y «por» nosotros. Sin embargo, él enseñó que de la misma manera en que el Padre moraba y obraba en él en la tierra, él podría, después de su resurrección, vivir y obrar en nosotros. La vida cristiana entera está resumida verdaderamente en las palabras de Pablo: *Cristo vive en mí* (Gálatas 2:20).

Muchos cristianos se olvidan de esto. Aunque creen que Cristo murió en la cruz por ellos y ahora vive en el cielo, no creen realmente que en este día y hora, vive en ellos en la tierra. La razón primaria de la falta de poder en la iglesia, yace en el hecho de que los cristianos ya no poseen el conocimiento ni se gozan en el hecho de que el Dios Todopoderoso en la persona de su Hijo; ha tomado residencia en su interior, ni se gozan en esta maravilla. El avivamiento real y duradero depende de que conozcamos, expliquemos, y testifiquemos esta verdad. Entonces conoceremos lo que es sujetarnos enteramente a Cristo, siempre permanecer en él, y que su obra se realice a través de nosotros.

Victorioso Señor, no solo por tu muerte nos has librado del poder del pecado y muerte, sino que tú mismo vives ahora en cada uno de nosotros. Tú, quien nos redimiste, eres nuestra mismísima vida.

La salvación no significa, como muchos piensan, una vida de caerse y levantarse otra vez. No, es la voluntad de Dios que sus hijos sean vencedores en su vida aquí en la tierra.

Andrew Murray, El trono de gracia

Yo he venido para que
tengan vida, y la tengan
en abundancia.

Juan 10:10

Y porque yo vivo, también
ustedes vivirán.

Juan 14:19

La vida cristiana verdadera

Todos pueden comprender la diferencia entre una vida débil y enfermiza, y aquella que está llena de vitalidad. Eso es lo que Pablo tenía en mente cuando habló de que las vidas de los corintios eran carnales y no espirituales. Como niños que no pueden comer comida sólida, no podían comprender las verdades más profundas del evangelio (ver 1 Corintios 3).

Muchos cristianos no progresan más allá de los principios básicos del evangelio. Otros también, la minoría, demuestran las riquezas abundantes de la gracia de Dios. A esta persistente diferencia la encontramos a través de la historia de la iglesia. Hoy también el número de creyentes que viven enteramente para Dios y exhiben tal abundancia, es pequeño.

Los cristianos necesitan darse cuenta de cuán empobrecidas son sus vidas espirituales; y animarse a creer que, una vida de abundancia en la plenitud del Espíritu, es realmente la intención de Dios para ellos.

En Juan 10:10, Cristo enseña que su propia vida llegará a ser nuestra, y estaremos unidos con él, así como él lo estaba con el Padre. En Juan 14:19 dice: «*Y porque yo vivo, también ustedes vivirán.*» Aquí Jesús no estaba prometiendo a sus discípulos la vida que tenía en esa etapa, sino su vida de resurrección venidera: de victoria sobre la muerte a la diestra de Dios. Desde ese lugar de exaltación y gloria, moraría en ellos. Recibirían una nueva vida, eterna, celestial. La vida victoriosa de Jesús mismo, los llenaría. Y aquella promesa permanece para quienes lo aceptan por fe.

Demasiado a menudo están aquellos que satisfechos con los primeros pasos básicos de la vida cristiana, nunca buscan mayor riqueza de vida en Cristo. Quizás no creen en ella, o no están preparados para aquello que implica ser completamente llenos de la vida y presencia de Jesús.

Yo te alentaría a preguntarte si estás viviendo en la abundancia de vida que Jesús vino a darte. Si es así, se hará evidente en tu amor por tu Redentor, en producir mucho fruto para la honra de Dios, y en ganar a otros para su Reino. Si este no es el caso, ora para que te dé tal abundancia. Que sea el deseo de tu corazón contentarte con nada menos que con Cristo viviendo en ti, y tú en Cristo. Todas las cosas son posibles por medio de Dios, para los que creen.

La vida de abundancia está hecha especialmente para aquellos que pasan un tiempo para escuchar las promesas de Dios, tomarlas seriamente, y creer en el poder de Dios para hacer lo que ha prometido. Busca a Cristo hasta que llegue a ser muy precioso para ti. Permite que tu comunión diaria con él te llegue a ser indispensable. Sin ninguna duda, te guiará a una vida abundante, en el poder del Espíritu, para su gloria. Dios es más que poderoso para fortalecer tu fe, hasta que estés capacitado para alcanzar la gracia que te hará apto para abundar en toda buena obra.

Mi Señor y Maestro, cuando esté debilitado y carnal, cámbiame para que pueda mostrar las abundantes riquezas de tu gracia. Guíame a ser un testigo de ti como quien es «lleno de gracia y verdad».

Estudia al Cordero quien es tu modelo y tu Salvador. Deja que las palabras de Pablo sean la nota clave de tu vida: He sido crucificado con Cristo, y ya no vivo yo sino que Cristo vive en mí.

Andrew Murray, El secreto de la cruz

Pero allí donde abundó el pecado, sobreabundó la gracia, a fin de que... reine también la gracia que nos trae justificación y vida eterna.

Romanos 5:20b-21

Mis caminos y mis pensamientos son más altos que los de ustedes; ¡más altos que los cielos sobre la tierra!

Isaías 55:9

La vida abundante

La gran verdad de la vida abundante rara vez es asida plenamente. Que el pecado aumenta lo sabemos demasiado bien. Pero ¿creemos que la *gracia* aumenta aún *más*, permitiéndonos vencer al pecado? Es absolutamente esencial que te aferres a esta verdad si quieres vivir una vida de abundancia en Cristo.

En 2 Corintios 9:8, Pablo usa en particular las palabras «todo» y «siempre», denotando abundancia. *Y Dios puede hacer que toda gracia abunde para ustedes, de manera que siempre, en toda circunstancia, tengan todo lo necesario, y toda buena obra abunde en ustedes.* Pregúntate: «La vida todo abundante, ¿es para mí?» Tu respuesta debería ser «Si Dios es fiel, ¡está disponible para mí!»

Otro ejemplo de lo que debiera ser la abundancia de Dios se encuentra en la oración de Pablo en Colosenses 1:9-11: *No hemos dejado de orar por ustedes. Pedimos que Dios les haga conocer plenamente su voluntad con toda sabiduría y comprensión espiritual, para que vivan de manera digna del Señor, agradándole en todo. Esto implica dar fruto en toda buena obra, crecer en el conocimiento de Dios y ser fortalecidos en todo sentido con su glorioso poder.*

Estas palabras, dadas al Espíritu Santo, casi escapan a nuestro alcance. Llévalas a Dios para que él pueda, por medio de su Espíritu, hacer que cobren vida en tu corazón. De esta manera tu fe crecerá firme y gozosa. Con el don de Dios de misericordia abundante, mucho más grande que el pecado que te abruma, puedes firmemente creer que una vida de abundancia puede ser tuya.

La promesa de Dios de que somos creados a su imagen, y que el Espíritu Santo nos moldea más a su imagen al aprender a conocer a Cristo más íntimamente, es realmente un pensamiento tan alto como el cielo que está por sobre la tierra. Cuando nos dice que por gracia somos realmente renovados otra vez, a la imagen de Dios, (ya que fue nuestro estado original), nos resulta un pensamiento más allá de nuestro poder de comprensión. Cuando nos asegura que, al fijar nuestra mirada en la gloria de Dios en Cristo, somos cambiados a su misma imagen por el Espíritu del Señor, nuestra mente casi no puede recibirlo. Y cuando el Padre nos llama a una vida aquí en la tierra a la luz de su rostro y regocijándonos en su nombre todo el día, verdaderamente tenemos un don que nos resulta incomprensible y que sale de las mismas profundidades del corazón de amor de Dios.

Qué gran necesidad tenemos, por lo tanto, de esperar en él por su Espíritu Santo, para que pueda impartir a nuestros corazones su vida y su luz morando en nosotros. Qué necesidad diaria de una comunión tierna y cercana con él, si hemos de entrar de hecho en su mente, y que sus pensamientos se arraiguen en nosotros. Y qué fe se necesita especialmente para creer que Dios, no solo revelará la belleza y la gloria de estos pensamientos, sino que actuará tan poderosamente en nosotros, que su realidad y bendición verdaderamente llenarán nuestro ser interior.

Padre Dios, haz que tu Palabra respecto a la vida abundante que se puede tener en Cristo se haga viva en mi corazón por tu Espíritu. Deseo una fe firme y gozosa. ¡Haz que la gracia reine en mí!

Cada palabra o promesa de Dios es una semilla que contiene vida divina. Si la llevo en mi corazón por fe, la amo, y medito en ella, es seguro que, si bien puede ser lentamente, brotará y producirá frutos de justicia.

Andrew Murray, Poder de lo alto.

He sido crucificado con
Cristo, y ya no vivo yo sino
que Cristo vive en mí.

Gálatas 2:20ª

Cristo vive en mí

En Gálatas 2:20, Pablo expresa tres grandes pensamientos. El *primero* encuentra expresión en las palabras: *He sido crucificado con Cristo.* Cuando Cristo murió en la cruz, todo el pueblo de Dios fue identificado con él e incluido en aquella muerte. Así como todos morimos en Adán y heredamos su naturaleza pecaminosa, de la misma manera todos hemos sido crucificados junto con Cristo. Es más, el poder de esta última muerte, ahora obra en nosotros a diario. En Cristo hemos muerto al pecado y como consecuencia vivimos para Dios. Nuestra unión con él es total y dinámica: tanto el poder de su muerte como el de su vida, son ambos activos en nosotros.

El *segundo* pensamiento de Pablo es: *Ya no vivo.* Habiendo participado de la muerte de Cristo, él pudo decirlo. Esto es verdad también para cada creyente. Mi vida ha sido dada a muerte en la cruz de Cristo. Por fe veo que mi vieja existencia bajo sentencia de muerte, ha terminado ahora. Mientras puede todavía residir en mí y querer operar dentro de mi pecaminosa naturaleza humana, he sido libertado en Cristo y ya no estoy obligado a servir al pecado.

El *tercer* pensamiento expresado por Pablo fue *Cristo vive en mí.* Aquí se encuentra el secreto de vivir una vida semejante a la de Cristo. No solo fue crucificado en mi lugar. Tampoco vive en el cielo solo para interceder por mí. ¡Él realmente vive en mí! Como su Padre vivió y obró en él, así Cristo ahora vive y obra en nosotros.

Toma tiempo para meditar en esto. Permite que el Espíritu Santo provoque que estas palabras vivan dentro de ti, para manifestar gloriosamente a Cristo en tu interior.

Espíritu de Dios, aviva mi fe para que pueda plenamente asirme a la verdad gloriosa que en Cristo mi vieja vida ha sido sentenciada a muerte, y que de la misma manera en Cristo yo he sido resucitado a una nueva vida en Dios.

La gran obra del Espíritu Santo es revelar a Cristo en nosotros. Toma tiempo para entregarte a esta verdad bendita: en ella yace el verdadero secreto de la vida cristiana.

Andrew Murray, La obra del Espíritu

Lo que ahora vivo en el
cuerpo, lo vivo por la fe en el
Hijo de Dios, quien me amó y
dio su vida por mí.

Gálatas 2:20b

Clama a mí y te responderé,
y te daré a conocer cosas
grandes y ocultas
que tú no sabes.

Jeremías 33:3

La vida de fe

Las palabras de Gálatas 2:20 fueron la respuesta de Pablo a la objeción: *Si tú dices, «Cristo vive en mí», ¿qué le sucede a tu libre albedrío?*. Si Cristo asume la responsabilidad de nuestras vidas, ¿qué nos queda para hacer?

Las palabras de Pablo guardan el secreto de la verdadera vida de fe. Él ora por los cristianos en Éfeso, para que Cristo more por fe en sus corazones (ver Efesios 3:14-19). Aquí vemos la gran obra que la fe misma tiene que realizar por nosotros y en nosotros, momento a momento, de manera de permitir que el Dios viviente obre su voluntad en nuestras vidas. Cristo realizará la tarea. En su divinidad, el Señor Jesús está en la posición el óptimo lugar para llenar todas las cosas, y ser el todo en todo. Esto ciertamente incluye las vidas de los hijos de Dios.

Las propias palabras de Cristo a sus discípulos lo explican mejor. Tal como el Padre vivió y obró en él, así Jesús vive y obra en nosotros. El Hijo expresó al Padre. Nosotros debemos expresar a Cristo. El Padre obró en el Hijo, y el Hijo mostró lo que realizó en él. Cristo obra en nosotros, y nos capacita para continuar llevar y hacer su obra. Este es el regalo que nos hace.

¿Acaso no hemos estado inclinados a menudo a pensar que esta vida plena de fe es algo fuera de nuestro alcance? Tal pensamiento nos roba del poder de creer. Volvamos a tomarnos de la palabra de Cristo: *Dichosos los que no han visto y sin embargo creen*. Esta es realmente la bendición celestial, que llena el corazón y la vida por entero; la fe que recibe el amor y la presencia del Señor viviente.

Una de las promesas más maravillosas fue dada a los amados seguidores del Señor: *Y al que me ama, mi Padre lo amará, y yo también lo amaré y me manifestaré a él* (Juan 14:21). De esto se trata realmente la vida de fe: vivir la vida de amor en el poder del Espíritu. No debieras satisfacerte con nada menos.

Todo lo que necesito es fortalecer mi fe en la seguridad de que *él me amó, y se dio a sí mismo por mí.* Él y yo somos eterna e inseparablemente uno.

Para considerar importantes a estas palabras importantes, son necesarios tiempos de meditación y de adoración; así el Espíritu de Dios te revelará cuán completamente llenará tu ser y terminará la obra en ti. El camino de la fe es por medio de la oración. *Clama a mí y te responderé,* dice Dios. Es al practicarla persistentemente que será fortalecida. Esto indica un compromiso total unido a la oración y a la fe, en la obra todopoderosa de Dios. A medida que la fe de los individuos se edifica, pueden ayudarse unos a otros a fortalecer la iglesia de Dios, en la expectativa más amplia de que su mensaje de salvación alcanzará a quienes están perdidos.

Dios viviente, realiza tu obra en mi corazón. Nutre en mí la fe de creer que por tu omnipotencia, me puedes llenar de acuerdo a la plenitud con la cual llenas todas las cosas.

¡Qué misterio de gloria hay en la oración! Por un lado, vemos a Dios en su santidad, amor y poder, que espera y anhela bendecir al hombre. Por el otro lado, vemos al hombre pecaminoso, un gusano en el polvo, haciendo descender de Dios por medio de la oración, a la misma vida y amor del cielo para que moren en su corazón.

Andrew Murray, El poder de la oración

Él les dará otro Consolador
para que los acompañe
siempre ... vive con ustedes y
estará en ustedes.

Juan 14:16-17

Y al que me ama, mi Padre lo
amará, y yo también lo amaré y
me manifestaré a él ... Y mi
Padre lo amará, y haremos
nuestra vivienda en él.

Juan 14:21,23

El Espíritu con nosotros para siempre

La promesa dada de que la presencia del Señor permanecería en nosotros, a menudo se menciona y se tiene en cuenta para pensar en ella.

En Juan 14:16-17, Cristo habla de su ser en nosotros y nosotros en él, para referirse a la morada y la obra del Espíritu Santo. Una consideración cuidadosa de sus palabras revelan que su vida en nosotros está ligada de manera inseparable con la morada del Espíritu Santo en nuestro interior. Por lo tanto, es de suma importancia que captemos correctamente la realidad del Espíritu Santo que siempre está presente en nosotros.

Cristo en nosotros solo se hace realidad, cuando percibimos y nos abrimos a la presencia del Espíritu Santo. Así como animó a los discípulos después de la ascensión de Jesús al cielo, el Consolador desea ahora hacerlo en nuestro interior, cada hora del día. Es por medio del Espíritu Santo que tenemos a Cristo en nuestros corazones; una fuerza viviente poderosa, moviéndonos, iluminándonos y llenándonos. Cuando nuestro Señor habló las palabras a los discípulos: *Yo siempre estaré con ustedes*, al principio no comprendieron, ni experimentaron su significado pleno. Pudieron hacerlo, al ser llenos con el Espíritu Santo en Pentecostés, quien del mismo cielo trajo a sus corazones al Señor Jesús glorificado. Fue desde ese momento, que comenzaron a experimentar la nueva vida de gozo, en la presencia moradora de Cristo.

Todos nuestros intentos de reclamar vivir una vida de comunión continua e inquebrantable serán en vano, a menos que también nos entreguemos enteramente al poder y a la morada del Espíritu siempre bendito.

Que nadie diga: «La experiencia de que Cristo esté con nosotros cada día y todo el día es imposible». Cristo quiso que su palabra fuera una realidad simple y eterna. Él quiso que la promesa —*Y al que me ama, mi Padre lo amará y yo también lo amaré y me manifestaré a él... y haremos nuestra vivienda en él*— fuera aceptada como una verdad divina absoluta. Pero esta verdad solo podía ser experimentada donde el Espíritu, en su poder como Dios, fuera conocido, creído y obedecido. Lo que Cristo habla en Juan 14, es de lo que Pablo testifica cuando dice: *Cristo vive en mí*, o como lo expresa Juan, *¿Cómo sabemos que permanecemos en él, y que él permanece en nosotros? Porque nos ha dado de su Espíritu* (1 Juan 4:13).

Cristo vino como Dios para hacer conocer al Padre, y el Espíritu vino como Dios para hacer conocer al Hijo en nosotros. Necesitamos comprender que el Espíritu como Dios reclama sumisión absoluta, y está dispuesto a tomar posesión de nuestro ser entero, y permitirnos cumplir todo lo que Cristo pide de nosotros. Es el Espíritu quien puede librarnos de la influencia de la carne, y a través de nosotros conquistar el poder del mundo. Cristo Jesús nos manifestará nada menos que su presencia moradora en nosotros, por medio del Espíritu. Por lo tanto, comienza el día con el Dios trino. Toma tiempo para adorar a Dios en Cristo. Toma tiempo para entregarte al Espíritu Santo, y depender de él, para completar la importante obra de hacer que la presencia viva de Cristo, sea una realidad en ti.

Padre, por medio de la morada de tu Espíritu en mí, hazme ser el poseedor conciente de la presencia de tu hijo glorificado.

Es solo por medio del Espíritu, que nosotros
podremos comprender la gloria del Cordero,
y ser llenos con su amor.

Andrew Murray, El Trono de Gracia

De aquel que cree en mí ...
brotarán ríos de agua viva.
Con esto se refería al Espíritu que habrían de recibir más
tarde los que creyeran en él.

Juan 7:38-39

Pero cuando venga el Espíritu
de la verdad, él los guiará a toda
la verdad, porque no hablará por
su propia cuenta sino que dirá
sólo lo que oiga y les anunciará
las cosas por venir. Él me glorificará porque tomará de lo mío y se
lo dará a conocer a ustedes.

Juan 16:13-14

Cristo y el Espíritu

Cada persona de la Santa Trinidad da honor a los otros. El Padre honra al Hijo, el Hijo honra al Espíritu, y el Espíritu honra al Hijo. En Juan 7:38-39, Cristo nos asegura que el Espíritu Santo obrará poderosamente en aquellos que creen, según la medida de su fe en el Salvador. En Juan 16:13-14, Jesús declara más: *Pero cuando venga el Espíritu de la verdad... no hablará por su propia cuenta sino que dirá solo lo que oiga... Él me glorificará porque tomará de lo mío y se lo dará a conocer a ustedes.*

Aquí aprendemos la importante lección de que no debemos esperar que el Espíritu Santo nos dé señales constantes de su propia presencia. Él siempre buscará fijar nuestra atención sobre Cristo. La manera más segura de permanecer llenos del Espíritu es enfocar a Cristo.

Cuando Jesucristo habló a sus discípulos por última vez, les prometió enviar al Espíritu Santo para consolarlos. Aunque el cuerpo físico de Jesús no estuviera más con ellos, permanecerían concientes de su presencia en su interior. El Espíritu Santo les revelaría al Cristo exaltado.

Esta verdad es a menudo malentendida. Los pastores serían negligentes con su responsabilidad, si animaran a la gente a amar a Jesucristo, sin a la vez advertirles que no es un acto que puedan realizar en sus propias fuerzas. Necesitan la asistencia del Espíritu Santo, quien es el único que puede llenar sus corazones con amor y enseñarles a amar.

Por medio del Espíritu Santo podemos experimentar la presencia y el amor de Jesucristo durante el día. Para esto, sin embargo, debe poseernos por entero. Reclama nuestro corazón y vida completos. Nos da fuerza interior para permitir tener comunión con Dios, obedecer sus mandamientos y permanecer en su amor.

Una vez que comprendamos plenamente esta verdad, nos daremos cuenta cuán dependientes somos del Espíritu Santo, y oraremos al Padre para que nos lo envíe con poder a nuestras vidas. El Espíritu nos enseñará a amar la palabra, meditar en ella, y guardarla. Nos revelará el amor de Cristo para que podamos amarle con corazones puros, en medio de nuestras ocupadas vidas, con todas sus distracciones.

Comienza cada mañana en la presencia de Dios, y allí comprométete con Cristo, confiando en él para que realice su obra en ti. Agradece al Padre por el don del Espíritu Santo, el cual te permite permanecer en el amor de Cristo. Cree con todo tu corazón que el Dios trino está obrando en tu vida. Estas verdades te serán reveladas cada vez más, a medida que más te comprometas con el Hijo y el Espíritu de Dios.

Aprende esta importante lección. Cuánto más fuerte sea tu fe en Cristo, con mayor libertad fluirá de ti el Espíritu. Cuánto más creas en el Espíritu siempre-morador, mayor certeza tendrás de que Cristo vive y obra en tu interior.

Padre, que pueda por tu Espíritu, fijar mi fe en la persona de tu Hijo, la roca de la cual depende toda mi fe. Y que cada uno de mis pensamientos sobre él, sea lleno de la conciencia de su presencia como mi Redentor Todopoderoso.

El Espíritu, quien guió a Cristo a la cruz, puede y está anhelando, ayudarnos a que nuestra vida more en el Cristo crucificado.

Andrew Murray, El secreto de la cruz.

Él me glorificará porque
tomará de lo mío y se lo dará a
conocer a ustedes.

Juan 16:14

El Espíritu y Cristo

Hemos visto que Cristo declaró que el don del Espíritu vendría a quienes pusieran su fe en él. Desde aquellos que creyeran en Cristo, el Espíritu fluiría como un río.

Hoy tenemos el otro lado de la misma verdad: el Espíritu Santo fluye de Cristo, revelándolo, e impartiéndolo. ¿Deseas al Espíritu?: ten fe en Cristo, quien lo da. ¿Deseas a Cristo?: confía en que el Espíritu te lo revele. El Espíritu es enviado desde el Cristo glorificado en el cielo, para impartir al Cristo glorificado a nosotros en la tierra.

Hemos visto que la llenura de la Trinidad moró en Cristo para que la vida de la misma pudiera morar en nosotros. Toda la vida y amor de Dios, que el Espíritu nos imparte, es en Cristo. Nuestra vida entera existe en unión con él. Como la rama en la vid, así estamos en Cristo, y él está en nosotros. Nuestro primer requisito cada nuevo día es reconocer que Cristo vive en nosotros, y que el Espíritu hará que este morar sea una realidad en ti. Cuenta con la obra silenciosa e invisible del Espíritu Santo en tu corazón.

Esta verdad es tan profunda y divina, que casi escapa a nuestro alcance. El Espíritu Santo, quien es Dios, la revelará a nosotros. En la última noche que estuvo con sus discípulos, nuestro Señor prometió que les enviaría al Espíritu Santo como Consolador. Aunque su presencia física no estaría más con ellos, lo experimentarían, sin embargo, espiritualmente de una manera maravillosa. El Espíritu Santo, como Dios, revelaría de tal modo a Cristo en sus corazones, que continuamente se encontrarían con él. El Espíritu glorificaría a Cristo, y revelaría al Cristo glorificado en amor y poder celestiales.

Aférrate a él con la fe como la de un niño y confía en que el Espíritu Santo está obrando en tu vida de tal manera, que el Señor viviendo en ti, sea una realidad.

Que cada día sea motivo de oración el que el Padre *los fortalezca a ustedes en lo íntimo de su ser, para que por fe Cristo habite en sus corazones* (Efesios 3:16-17).

El Espíritu, quien examina todos los secretos de Dios, se afianzará en tu ser más íntimo, donde te revelará a Cristo como tu amo. Cree en la promesa de Jesús de que el Espíritu de Dios desea glorificarlo en ti. Si tu vida, por medio de obediencia amorosa, es morada del Cristo resucitado, puede dar un testimonio muy fuerte al mundo, del poder del Espíritu Santo.

Con la fe como la de un niño, fija tu corazón sobre Cristo en la cruz y en el trono. A medida que hagas esto, el Espíritu Santo te lo revelará a ti y en ti. Podrás decir confiadamente, «¡Cristo vive en mí! ¡Cristo es mi vida!»

Padre, quisiera fijar mi corazón en la gloria de tu imagen en Cristo, y arraigar mi fe en la seguridad de que el Espíritu me transformará a aquella imagen día a día.

¿Qué necesita uno para poder experimentar la promesa de los ríos de agua viva? Solo una cosa: aferrarse íntimamente a Cristo, estar en completa sujeción a él, y tener la seguridad de que su Espíritu hará una obra dentro de ti, que tú mismo no podrías hacer.

Andrew Murray, Poder de lo alto

PARTE 2:

El crecimiento del creyente

Yo, hermanos, no pude
dirigirme a ustedes como a
espirituales sino como a
inmaduros, apenas niños
en Cristo.

1 Corintios 3:1

¿Carnal o espiritual?

La diferencia que Pablo señala entre las dos clases de cristianos es de gran importancia. En el nuevo nacimiento el cristiano recibe al Espíritu Santo, aunque su naturaleza humana caída continúa en todo lo carnal. Dentro del creyente comienza así una lucha interna; su espíritu, ahora nacido de nuevo, está en guerra con su naturaleza pecaminosa, y viceversa.

Mientras que el creyente permite que el Espíritu conquiste, y es guiado o dirigido por él, el poder del Espíritu sobre su vida aumenta y llega a ser lo que Pablo llama un *hombre espiritual* (ver 1 Corintios 2:14-15). Al mismo tiempo, sin embargo, la naturaleza carnal permanece, y continúa almacenando nada que sea bueno.

Necesitamos, por lo tanto, aprender que nuestra naturaleza pecaminosa ha sido crucificada, y que somos libres para crecer en Cristo. Si, por el otro lado, no nos damos cuenta de que hemos muerto con Cristo, o fallamos en sujetarnos a la obra del Espíritu Santo, nuestra naturaleza carnal obtendrá ventaja, y nos hará permanecer como bebés espirituales. Podremos entonces, en nuestra propia fuerza, tratar de hacerlo mejor. El resultado, sin embargo, es que lo que comenzó en el Espíritu, degeneró en un intento puramente carnal de lograr la santidad. *¿Tan torpes son? Después de haber comenzado con el Espíritu, ¿pretenden ahora perfeccionarse con esfuerzos humanos?* (Gálatas 3:3).

El mundo ejercita tal influencia en el cristiano, que puede llegar a no darse cuenta de que en Cristo ha sido crucificado al mundo. En el exceso de comer y beber, en el deslumbramiento mundano, en todo aquello que tiene una connotación mundano similar, el mundo logra asirse del creyente. La mayoría de los cristianos o están inconscientes de que están cayendo bajo su hechizo, o se sienten incapaces de triunfar sobre él y sacudírselo de encima. La naturaleza pecaminosa triunfa a la larga, deján- doles incapaces de resistir las obras de la naturaleza carnal o las del espíritu del mundo.

Esta es la triste condición de la iglesia. La mayoría de sus miembros permanecen carnales, constantemente cayendo víctimas de dicha naturaleza pecaminosa. Tales cristianos tienen poco dis- cernimiento de la verdad espiritual, disfrutan una escasa comunión diaria con Dios, y fallan al no apropiarse de sus promesas.

Debemos pedir sinceramente a Dios que nos ayude a distinguir entre lo carnal y lo espiritual, y permita que podamos ceder completamente a la guía del Espíritu. Es él quien puede librarnos de todo el poder de la carne, y conquistar el poder del mundo. Y es el Espíritu por quien Cristo Jesús se manifestará a sí mismo a nosotros, nada menos que en su presencia moradora.

Padre, te pido morar en Cristo, en quien no hay pecado, que él realmente pueda vivir su propia vida en mí, en el poder del Espíritu Santo, y pre- pararme para una vida en la cual siempre haga las cosas que son agradables a tu mirada.

Nada puede ser bueno en la religión, sino el poder y la presencia de Dios real y esen- cialmente viviendo y obrando en nosotros de verdad. Toda nuestra bondad verdadera- mente espiritual, viene del Espíritu y sólo del Espíritu.

Andrew Murray, La obra del Espíritu

El alimento sólido es para los
adultos, para los que tienen la
capacidad de distinguir entre
lo bueno y lo malo, pues han
ejercitado su facultad de
percepción espiritual. Por eso,
dejando a un lado las enseñanzas elementales acerca de
Cristo, avancemos
hacia la madurez.

Hebreos 5:14- 6:1

Sigue hacia la madurez

En la carta a los Hebreos, descubrimos que habían sido cristianos desde hacía mucho tiempo, en el que debían de haber estado alcanzando a otros. Al contrario, todavía eran como infantes que necesitaban ser alimentados con leche (ver Hebreos 5:12-14). El escritor intenta despertarlos para que dejasen a un lado *las enseñanzas elementales acerca de Cristo... para no volver a poner los fundamentos, tales como el arrepentimiento.* Debían seguir hacia la madurez, para llegar a ser adultos, y hacia las verdades más profundas respecto al sacerdocio de Cristo y el alcance de su salvación. *Pero como Jesús permanece para siempre, su sacerdocio es imperecedero. Por eso también puede salvar por completo a los que por medio de él se acercan a Dios, ya que vive siempre para interceder por ellos* (Hebreos 7:24-25). Este es el *alimento sólido* del cual habla el escritor.

Es solo cuando el cristiano deja de permanecer en las enseñanzas elementales acerca de Cristo, y no vuelve a poner fundamentos como el del arrepentimiento, que puede crecer, ser fortalecido en gracia y vivir de verdad en comunión con Cristo.

Un gran pensamiento corre por toda la carta a los Hebreos. Es que todas las obras de Cristo en búsqueda de nuestra redención, y todo lo que Dios hizo al levantarle de los muertos y entronizarlo en gloria, fueron con un fin. El propósito detrás de esto, era que el Espíritu de Dios pudiera transformarnos con una gloria siempre en aumento, a la misma semejanza del propio Hijo

¿Cómo podrá Dios lograr este gran objetivo? La respuesta yace simplemente en esto: Por su *propio* obrar dentro de nosotros aquello que es agradable a su vista. *El Dios que da la paz... los capacite en todo lo bueno para hacer su voluntad. Y que, por medio de Jesucristo, Dios cumpla en nosotros lo que le agrada* (Hebreos 13:20-21).

Todo lo que el escritor a los Hebreos nos enseña respecto a lo completo de nuestra salvación en Cristo, nuestro llamado a buscarle y seguirle, encuentra su consumación en la bendita seguridad de que Dios mismo toma la total responsabilidad sobre quien realmente confía en él.

Tal pensamiento es, sin lugar a dudas, demasiado alto para nosotros. La promesa es demasiado grande; no podemos lograrla. Y sin embargo allí está, reclamando, estimulando nuestra fe. Demanda de ti que, en simplicidad, te aferres a tan solo una verdad: que el Dios eterno obra en ti cada hora del día por medio de Jesucristo. Tienes una sola cosa que hacer, entregarte en las manos de Dios, para que él obre.

Todo lo que Dios desea respecto a ti, él mismo lo realizará por medio de su Hijo.

Señor Jesús, aumenta mi fe, para que pueda aferrarme a la promesa de Dios de que él mismo perfeccionará en mí la obra que ha empezado.

¿Cómo puedes nutrir una disposición celestial? Al permitir que el Espíritu Santo haga su obra en tu vida, y que el fruto que él ha cultivado en el paraíso de Dios, reciba el pleno potencial. Haz tiempo cada día para recibir del Padre la guía continua del Espíritu Santo. Permítele vencer al mundo por ti y fortalecerte como un hijo celestial, para que camines diariamente con Dios y Jesucristo.

Andrew Murray, Poder de lo alto

Avancemos hacia la madurez.
No volvamos a poner los
fundamentos, tales como el
arrepentimiento de las obras
que conducen a la muerte,
la fe en Dios...

Hebreos 6:1b

Pero por su gracia son
justificados gratuitamente
mediante la redención que
Cristo Jesús efectuó.

Romanos 3:24

El edificio y
su fundamento

Pablo colocó el fundamento de la casa de Dios en la doctrina de la justificación por fe en Jesucristo. Este es el terreno firme sobre el cual el pecador perdido encuentra su salvación eterna (ver Romanos 5:1-2).

¿Qué casa debiera ser construida sobre este fundamento?. En Romanos, Pablo escribe de la justificación y paz con Dios (Romanos 3:21- 5:11). Pero luego continúa escribiendo de una vida de unión con Cristo (5:12- 8:39). En el capítulo 5:12-18 nos dice que la justificación y la paz con Dios son solo el comienzo. Explica que, así como el resultado de la primera desobediencia de Adán fue la condenación para todos, la obediencia al segundo Adán, Jesucristo, resultó en gracia y justificación abundantes para todos. Antes, en el cuarto capítulo, se refiere a Abraham como el ejemplo en el cual todos los aspectos de la fe son combinados. Así como al comienzo Dios acreditó la fe de Abraham como justicia, y luego lo guió a creer en él como el Dios que puede dar vida a los muertos; de la misma manera lo hace con el creyente (4:16-17).

Muchos cristianos intentan aferrarse a su fe en la justificación, para motivarse a una vida de agradecimiento y obediencia. Sin embargo, fallan tristemente, porque no conocen el secreto de ceder todo a Cristo, para que *él* pueda mantener su vida en ellos. Han aprendido, como Abraham, el secreto de que la fe en Dios quien justifica a los impíos; pero no han avanzado para aprender del otro gran secreto: que Dios es también el que diariamente los renueva por medio de Cristo, quien ahora vive en ellos.

Tal es la casa que es construida sobre el fundamento de la fe salvadora en Cristo. En el sexto capítulo de su carta a los Romanos, Pablo declara que en Cristo, así como hemos muerto al pecado por medio de su muerte, somos unidos a su persona en su resurrección. Si morimos con él, podemos estar seguros de que estamos muertos al pecado y vivos en Dios por medio de Jesucristo.

Es en nuestra identificación con el Cristo crucificado y resucitado, que somos librados del poder del pecado. Por medio del poder del Espíritu, Cristo nos libera del poder del pecado. La vida en Cristo es la casa que deberá ser construida sobre el fundamento de la justificación.

Demasiado a menudo la gente queda satisfecha si el fundamento está meramente en su lugar. Nuestra experiencia espiritual debiera extenderse más allá que esto. Debemos descubrir que Cristo es nuestra vida, y que hemos muerto y resucitado con él. Esto solo nos permitirá vivir una existencia de gozo, santidad y victoria en el Espíritu Santo.

Señor, permíteme descubrir los tesoros escondidos en tus palabras benditas: «Y les aseguro que estaré con ustedes siempre».

El que nos da vida, la deberá sostener y preservar en todo momento. La vida no puede continuar en la bondad de su primer estado creado o redimido, salvo si permanece bajo la influencia del Espíritu Santo, quien al principio la creó y luego la redimió. Porque no podemos hacer nada sin Cristo: debiéramos creer en su operación inmediata y continua por medio del Espíritu en todo lo que hacemos; esperarla, anhelarla, y depender de ella, ya que está morando en nosotros.

Andrew Murray, La obra del Espíritu

Porque nadie puede poner un
fundamento diferente del que
ya está puesto, que es
Jesucristo.

1 Corintios 3:11

La Reforma

A través de los siglos, la iglesia se alejó del verdadero fundamento puesto por el Señor y sus apóstoles. En lugar de la justificación por medio de la fe en Jesucristo, tomó sobre sí misma el derecho de perdonar pecados. El perdón solo podía ser obtenido por medio de un sacerdote, y en muchos casos esto involucraba el pago de dinero.

La gran obra de Lutero y Calvino fue colocar nuevamente el fundamento de Jesucristo. Requirió cincuenta años establecerlo, y aun después, hubo muchos sacerdotes cuya conversión no incluía el poder de una vida santa. Calvino mismo dijo que la Reforma era una restauración doctrinal, más que algo vivido por las vidas de las personas. Sintió la seria necesidad de que la gente fuese enseñada en los caminos de justicia.

Tristemente, esto no debiera haber sido el único objetivo en la Reforma. Mientras, como se afirmó ya, un poderoso cambio tuvo lugar sobre la doctrina de la fe, hubo, por ejemplo, al mismo tiempo, una falta seria de amor entre los predicadores y los líderes. Como resultado, al mundo ino le fue enseñado que el amor de Dios era todo-poderoso para santificar la vida entera del creyente!

La Reforma es a veces vista como un regreso al Pentecostés original, pero de ninguna manera significa esto. Hubo mucha disensión y discusión entre los reformadores, en lugar de amor fraternal, separación del mundo, y sinceridad al proclamar a Jesucristo. Dependieron demasiado de la protección de los estadistas, quienes tenían simpatía con el movimiento. La predicación fue la obra tan solo de sacerdotes ordenados, en contraste con el testimonio de Cristo que marcó la iglesia primitiva, en donde cada creyente fue constreñido por el amor de Cristo.

Sin embargo, nunca podremos agradecer lo suficiente a Dios por la Reforma, en donde nuevamente Jesús fue proclamado nuestra justicia, nuestra paz con Dios.

Querido Dios, es por tu gracia que he recibido el perdón eterno, pleno y completo. Ahora otórgame que pueda crecer en ella con una mirada y experiencia mayores de lo que es estar en Cristo, vivir y crecer en él, en todas las cosas.

Así como el pecado reinó en muerte, la gracia puede reinar mediante la justicia para vida eterna, por medio de Jesucristo, nuestro Señor. La gracia de Dios es más fuerte que el poder del pecado, y tú eres más que un conquistador por medio del que te ama. Esta es una palabra segura. Quienes reciben la abundancia de la gracia, reinan ya en esta vida por medio de Jesucristo.

Andrew Murray, El trono de gracia

Por eso, de la manera que
recibieron a Cristo Jesús
como Señor, vivan ahora en
él, arraigados y edificados en
él, confirmados en la fe como
se les enseñó, y llenos
de gratitud.

Colosenses 2:6-7

El caminar en Cristo

Las dos clases de vida están descriptas aquí. La primera se encuentra en las palabras *Recibieron a Cristo Jesús.* Esto incluye la conversión, perdón de pecado por medio de la sangre de Cristo, y la aceptación como un hijo de Dios. La segunda involucra el caminar en Cristo: *Arraigados y edificados en él, confirmados en la fe... y llenos...*

☞ *Arraigados* comunica la imagen de un árbol que toma su vida de la tierra, para llevar fruto.

☞ *Edificados en él* señala a quien es el único fundamento.

☞ *Confirmados en la fe... y llenos...* describe al cristiano que revela por su caminar y conversación, una vida de diaria permanencia en Cristo.

En las múltiples confesiones de fe escritas por los Reformadores, se resaltan la conversión y aceptación de Cristo. «Justificación» y «justificados» son palabras de uso frecuente. La palabra «santificación», sin embargo, se encuentra rara vez. El énfasis se pone en la doctrina del perdón de pecado, la fe en Cristo como nuestra justicia ante Dios; pero encontramos poco acerca de Cristo viviendo en nosotros, y sobre que nuestra vida está arraigada en él. El Catecismo de Heidelberg, por ejemplo, da la explicación de los Diez Mandamientos, pero los mandamientos de Cristo en Mateo 5 y Juan 13-16 son apenas mencionados.

Demos gracias a Dios por los reformadores que pusieron nuevamente el fundamento en el Salvador crucificado. Sin embargo, a la vez, continuemos hacia la madurez: hacia un caminar constante con Cristo en donde la fe en él y la abundancia de gracia que da su llenura, son disfrutadas a diario. Como Enoc *caminó con Dios*, así seamos confirmados en la fe, y por lo tanto abundemos en ella.

Es solo cuando sus siervos muestran en sus vidas que le obedecen en todos sus mandamientos, que podrán esperar la llenura del poder de Cristo y su presencia en ellos. Cuando son testimonios vivientes de la realidad de su poder para salvar y guardarlos del pecado, pueden experimentar plenamente su presencia moradora, y tener el poder de entrenar a otros para la vida de obediencia que él pide.

Ten por seguro que esto está hecho para todo aquel que tome tiempo para escuchar las promesas de Cristo, y creer en que el omnipotente poder de Dios producirá y obrará con la gran maravilla de su gracia: Cristo morando en el corazón por fe.

Ah, que Dios pueda abrir los ojos de sus hijos para ver cuál es el poder qué poderoso es Cristo viviendo en ellos para tener una vida de santidad y fruto, cuando se consideren de veras muertos al pecado, y vivos para Dios en Cristo Jesús.

Señor, deja que mi fe en Cristo como mi justicia
sea seguida por mi fe en él como mi vida tomada
de entre los muertos.

Pablo a menudo nos recuerda esto: Han recibido a Cristo Jesús, así que caminen en él (ver Colosenses 2:6). Así como me pongo mis ropas antes de salir, de igual manera un cristiano debe «ponerse» a Jesucristo y mostrar por su conducta de todos los días que Cristo vive en él, y que está vestido con el Espíritu Santo.

Andrew Murray, Poder de lo alto

Haré un nuevo pacto con el
pueblo de Israel ... Pondré mi
ley en su mente, y la escribiré
en su corazón.

Jeremías 31:31,33

Se han acercado a ... Jesús,
el mediador de un nuevo pacto; y a la sangre rociada,
que habla con más fuerza
que la de Abel.

Hebreos 12:23-24

El mediador
del nuevo pacto

Un mediador es responsable de que ambas partes cumplan las obligaciones de un pacto. Jesús es nuestra garantía de que Dios cumplirá sus promesas. Él también es la garantía que nosotros, de nuestra parte, cumpliremos fielmente lo que Dios nos requiere. Será él quien nos permita cumplir los términos del pacto.

Jesús, como un mediador: dio a sus discípulos la gran promesa de un Nuevo Pacto: el don del Espíritu Santo. El *Antiguo* Pacto que Dios había dado a Israel en el Sinaí, había fallado porque Israel, al faltarle el poder para guardar su parte del acuerdo, comprobó que era imposible obedecer los mandamientos. Su naturaleza entera era carnal y pecaminosa. Ahora, con el *Nuevo* Pacto, Dios daría la provisión para permitir que los hombres tuviesen una vida de obediencia. La ley sería escrita en sus corazones: *Escrita no con tinta sino con el Espíritu de Dios viviente; no en tablas de piedra sino en tablas de carne, en los corazones* (2 Corintios 3:3). O, como lo tenemos en Jeremías 32:40: *Haré con ellos un pacto eterno... pondré mi temor en sus corazones.*

En contraste con el Antiguo Testamento y la debilidad de parte del hombre, el Nuevo Pacto aseguraría una obediencia continua de corazón íntegro. Este fue el secreto por el cual sus seguidores serían capaces de guardar sus mandamientos. *Si ustedes me aman, obedecerán mis mandamientos. Y yo le pediré al Padre, y él les dará otro Consolador para que los acompa-*

ñe siempre (Juan 14:15-16). *¿Quién es el que me ama? El que hace suyos mis mandamientos, y los obedece. Y al que me ama, mi Padre lo amará, y yo también lo amaré y me manifestaré a él* (v. 21). *El que me ama, obedecerá mi palabra, y mi Padre lo amará, y haremos nuestra vivienda en él* (v. 23). La provisión del Espíritu es de gran importancia si hemos de cumplir con los requerimientos de la santidad de Dios. Fue en este contexto que Cristo predijo la venida del Espíritu. Poder guardar los mandamientos de Dios, sería condicional, a la provisión y capacitación del Espíritu Santo quien permitiría a los seguidores de Cristo guardarlos.

Inclínate en profundo silencio ante Dios, y cree lo que dice. En el Nuevo Pacto tenemos la promesa definida de que, por medio de la renovación de nuestros corazones, seremos guardados sin culpa en santidad. Por el poder del Espíritu Santo morando en nosotros, estamos capacitados de verdad para obedecer la voz de Dios y guardar sin cesar sus mandamientos. Con David podremos decir: *Me agrada, Dios mío, hacer tu voluntad; tu ley la llevo dentro de mí* (Salmo 40:8).

*Derrama tu amor en mi corazón, Señor. Obra en
mi ser interior aquello que has prometido, para
que pueda amarte y obedecerte con todo mi
corazón, con toda mi alma, con toda mi mente,
y con toda mi fuerza.*

¿No es maravilloso, que aunque el pecado abunde, la gracia es siempre mayor y más abundante de lo que este jamás podrá ser? Puedo, al leer la Palabra de Dios, tener un sentido sobrecogedor ante el gran poder del pecado; pero también tengo la seguridad de que la gracia de la vida de Dios dentro de mí, es mucho más abundante y poderosa.

Andrew Murray, El trono de gracia

Los rociaré con agua pura, y quedarán purificados. Los limpiaré de todas sus impurezas e idolatrías. Les daré un nuevo corazón, y les infundiré un espíritu nuevo; les quitaré ese corazón de piedra que ahora tienen, y les pondré un corazón de carne. Infundiré mi Espíritu en ustedes, y haré que sigan mis preceptos y obedezcan mis leyes.

Ezequiel 36:25-28

Mejores promesas

En contraste con el antiguo pacto, (que no tenía el poder de capacitar a la gente para guardar las leyes de Dios), la característica distintiva del nuevo, es el poder dado por Dios que capacita al creyente para permanecer dentro de su ley.

Pero ¿por qué esta verdad del nuevo pacto se hace realidad de manera tan poco infrecuente en la vida del creyente? La respuesta es bastante simple: no es predicada ni creída, y por consiguiente no puede ser experimentada en la vida.

Pablo es un ejemplo del cumplimiento del nuevo pacto en un hombre de Dios. La misma persona ansiosa que exclamó que el poder del pecado lo mantenía cautivo, poco después dio gracias a Dios porque había sido puesto en libertad en Jesucristo, por el Espíritu que le había dado vida (Romanos 8:1-4).

¿Por qué es que tan pocas personas pueden testificar sobre esta verdad? Dios conecta sus promesas a nuestra fe, por más difícil de comprender que algo nos parezca. Sus promesas llegan a ser operativas cuando creemos.

Lee Ezequiel 36:25-28 varias veces, hasta que lo creas y apropies. Confía en la obra del Espíritu. El Señor lo emprende: *Se hará con ustedes conforme a su fe* (Mateo 9:29).

En Hebreos se habla nuevamente respecto al mejor pacto, prometido en Jeremías y Ezequiel. Como lo hizo Ezequiel, Jeremías también profetiza: *Este es el pacto que... haré...*

Pondré mi ley en su mente, y la escribiré en su corazón (Jeremías 31:33). *Haré con ellos un pacto eterno: Nunca dejaré de estar con ellos... pondré mi temor en sus corazones, y así no se apartarán de mí* (Jeremías 32:40). ¿Podría ser que hubiera promesas mejores o más definidas que estas: que Dios mismo pondría su temor en los corazones de su pueblo tan absolutamente que ellos no se alejarían de él, y que les motivaría a seguir sus decretos y ser cuidadosos en guardar sus leyes? Dios mismo haría la obra.

Este es el Nuevo Pacto del cual Jesús es el mediador. Por medio del Espíritu Santo, vive en nosotros para guardarnos del pecado, para que seamos capaces de tener el deseo y el poder de hacer la voluntad de Dios en todas las cosas. Poco después del nacimiento del Salvador, Zacarías profetizó que Cristo nos rescataría *del poder de nuestros enemigos, para que le sirviéramos con santidad y justicia, viviendo en su presencia todos nuestros días* (Lucas 1:74-75). Estas son las mismas palabras de Dios y muestran lo que él hará con aquellos que lo desean y buscan.

Las promesas son ciertas. El mediador dio primero su sangre y luego su Espíritu. Él siempre vive para siempre asegurarnos que las mejores promesas le son cumplidas a quienes con corazón íntegro y confianza las desean y reclaman de él.

Señor, debes tener mi todo. No mereces nada menos. Lléname con tu Espíritu para que pueda seguirte plenamente y ser más que un conquistador. Lléname con tu amor para que pueda pararme firme en la fe respecto a aquello que tú harás en mí y a través de mí.

Dios desea que sus hijos le amen con todo su corazón y todas sus fuerzas. Él sabe cuán impotentes somos. Y por esa misma razón ha dado el Espíritu, quien examina las cosas profundas de Dios, y en aquellas profundidades ha encontrado la fuente de amor eterno para llenar nuestros corazones con su amor por su Hijo.

Andrew Murray, Poder de lo alto

PARTE 3

El llamamiento del creyente

COMUNIÓN CON DIOS

LA PLENITUD DE CRISTO

LA VIDA CELESTIAL

UN SACERDOCIO REAL

Les anunciamos lo que hemos
visto y oído, para que también
ustedes tengan comunión con
nosotros. Y nuestra comunión
es con el Padre y con su Hijo
Jesucristo.

1 Juan 1:3

Comunión con Dios

*C*omunión *con Dios es la bendición exclusiva del evangelio.* Cristo murió para traer reconciliación entre Dios y nosotros, que el pródigo pueda volver a la casa del Padre y a una vida en el amor del Padre. Por su sangre nos indicó una nueva y viviente manera de entrar al Lugar Santísimo donde podemos caminar en la luz de Dios. La promesa es: EL SEÑOR *será tu luz eterna; tu Dios será tu gloria* (Isaías 60:19).

La comunión con Dios debiera ser el tema del predicador. Ellos fallarían lastimosamente en su trabajo si estuvieran satisfechos con predicar solo sobre la conversión, perdón de pecado y seguridad después de la muerte. El bajo estado de la vida espiritual de muchos cristianos es debido al hecho de que no se han cuenta de que el fin y el objetivo de la conversión es llevar al alma, aún aquí en la tierra, a tener una diaria comunión con el Padre en el cielo. Los cristianos debieran ser guiados a la práctica de la comunión con Dios, porque allí yace también el secreto de un vivir santo. El apóstol Juan predicó acerca de esto: *Comunión... con el Padre y con su Hijo, Jesucristo.*

La comunión con Dios es la única fuente de poder del predicador. Si la comunión con Dios es la bendición del evangelio, y fuese la carga de la predicación del pastor, entonces debiera continuar con que el pastor mostrara en su propia vida la posibilidad y bendición de tal caminar con Dios. Al experimentarlo él mismo, podría contar a otros sobre tal maravilla y gozo. Solo entonces podrá tener el derecho y la libertad de ganar a otros para la misma comunión feliz con Dios.

Que la comunión con el Padre y el Hijo sea nuestra experiencia diaria, en nuestros tiempos quietos, en nuestro trabajo diario, y en nuestro testimonio a otros al invitarles a compartir la misma salvación gloriosa.

Señor, que pueda realmente ver y entregarme
a considerar tener comunión contigo cada día
como el fin principal de mi vida.

Cuando el deseo de Dios hacia nosotros comienza a gobernar la vida y corazón, nuestros anhelos son orientados a una sola cosa: fijar nuestra mirada sobre la belleza del Señor y morar en su presencia todos los días de nuestra existencia.

Andrew Murray, El poder de oración

Y el Verbo se hizo hombre y
habitó entre nosotros.
Y hemos contemplado su gloria, la gloria que corresponde
al Hijo unigénito del Padre,
lleno de gracia y de verdad ...
De su plenitud todos hemos
recibido gracia sobre gracia.

Juan 1:14,16

La plenitud de Cristo

Lee estas palabras hasta que seas capturado por la plenitud trascendente de Cristo. Deja que el Espíritu te enseñe
a adorar a *este* Cristo como aquel en quien mora toda la
plenitud de la Deidad.

Puedo recibir un monedero con poco, o con nada, o
puede con una cantidad sustancial. ¡Hay una gran diferencia
entre los dos! Así es con nosotros como cristianos. Algunos reciben a Cristo en términos del perdón de pecado y la esperanza
del cielo: sin embargo, conocen muy poco de su plenitud y todo
el tesoro que puede ser encontrado en él. Otros no se sentirán
satisfechos tan fácilmente, y dejarán todo a un lado para poder
decir: *De la plenitud de su gracia hemos... recibido una bendición tras otra.* Pablo fue uno así. Él dijo: *Todo lo considero
pérdida por razón del incomparable valor de conocer a Cristo
Jesús, mi Señor* (Filipenses 3:8).

Como un mercader buscando perlas costosas, quien, al
encontrar la perla del mayor precio, vendió todo lo que poseía
para poder comprarla, así es el cristiano, quien, comprendiendo
algo de la plenitud de Cristo, sacrifica todo. ¡Cuán maravilloso
y cuán transformador es captar la visión de tal Cristo, de la
plenitud de su amor y gozo, su santidad y obediencia, su total
devoción al Padre y a toda la humanidad!

Escucha las palabras del Señor: *Les he dicho esto para que
tengan mi alegría y así su alegría sea completa* (Juan 15:11). *Se*

alegrarán, y nadie les va a quitar esa alegría... Pidan y recibirán, para que su alegría sea completa (Juan 16:22-24).

¿Has llegado a conocer al Cristo en quien mora toda la plenitud? ¿O vives como un mendigo, dependiendo grandemente del gozo que pueda darte el mundo? ¡Es la voluntad de Dios que Cristo llene todas las cosas, incluyendo tu corazón y necesidades! Su voluntad está expresada claramente, por ejemplo, por Pablo en 2 Corintios 3:18: *Así, todos nosotros, que con el rostro descubierto reflejamos como en un espejo la gloria del Señor, somos transformados a su semejanza con más y más gloria por la acción del Señor, que es el Espíritu.*

Es la intención de Dios que seamos cambiados más y más a la semejanza de Cristo. Permite que el Espíritu Santo imprima profundamente sobre tu corazón las palabras de este texto en toda su plenitud.

¡Gloria sea a quien pueda cumplir cada promesa, revelar a Cristo morando en su corazón, y mantenerse en aquella vida de amor que nos guía a ser llenos con toda la plenitud de Dios!

Cristo, mi todo en todo, por más fríos y opacados que estén mis sentimientos, por más pecador que sea, revélate a mí en toda la plenitud de tu gloria.

Creamos que lo que es imposible para el hombre es posible para Dios. Creamos que la ley del Espíritu de Cristo Jesús, el Señor resucitado, puede de verdad hacer que su muerte y su vida sean la experiencia diaria de nuestras almas.

Andrew Murray, El secreto de la cruz

Pues ustedes han muerto y su
vida está escondida con
Cristo en Dios ... Cristo ...
la vida de ustedes ...

Colosenses 3:3-4

La vida celestial

Es de extrema importancia para el cristiano saber que la nueva vida que reciben es realmente la vida de Cristo, la misma que vive en el Padre. Aquellos que creen en él han muerto real y efectivamente al pecado, son librados de él, y son hechos partícipes de la vida de resurrección de Cristo. Nuestra vida está escondida con Cristo en Dios, y debe ser recibida de nuevo a diario, y guardada como lo más santo.

Requiere tiempo y esfuerzo comprender la verdad que la vida que Cristo vive en el Padre es la misma vida que vive en ti y en mí. Cristo no vive una vida con el Padre y otra en ti. Sus palabras son: *Y porque yo vivo, también ustedes vivirán. En aquel día ustedes se darán cuenta de que yo estoy en mi Padre, y ustedes en mí, y yo en ustedes* (Juan 14:19-20). Como Cristo es uno en el Padre, así nosotros lo somos en él y él en nosotros. Es la vida divina única que existe en el Padre y Cristo, ¡y en ti!

Es la experiencia secreta de la vida escondida con Cristo en Dios que nos permite enfrentar y vencer cada dificultad. Todo depende de que esa vida esté bien con Dios en Cristo. Fue así con Cristo, con los discípulos, con Pablo. Es la simplicidad y la intensidad de nuestra vida en Cristo Jesús, y de la vida de Cristo Jesús en nosotros, que sustentan al hombre durante la servidumbre diaria del trabajo, lo hace un conquistador sobre sí mismo, sobre cada cosa que podría impedir la vida en Cristo, y da la victoria sobre los poderes de maldad.

¡Cuán pobremente hemos captado esto! Cuán poco trabajo hemos tomado para experimentarlo. Aquí está el secreto, tomar a diario un tiempo quieto adecuado en meditación y oración. Es para que nosotros podamos ser profundamente marcados con la verdad de que el Señor Jesús, cuya vida está escondida en Dios, también tiene su vida escondida en nosotros. Es cuando descubro la realidad del Cristo gloriosamente celestial residiendo en mi corazón, que verdaderamente puedo vivir como un hijo de mi Padre del cielo.

Es cuando permito que el Espíritu de Dios diariamente mantenga viva en mí aquella vida celestial en Cristo, que puedo conocer la verdad de haber muerto con él, de morir a diario al pecado y a mí mismo, y de experimentarlo realmente viviendo su vida celestial en mí. Es entonces que puedo disfrutar de la realidad de mi *ciudadanía... en el cielo* (Filipenses 3:20), y de Cristo viviendo, reinando y obrando en mí aquello que es bien agradable a su Padre. Por lo tanto puedo caminar humilde y constantemente con Dios en la comunión de su santidad y amor.

Espíritu de Dios, enséñame con respecto a la maravilla de que la vida de Cristo que vive en el Padre es la misma vida que él vive en mí. Y renueva mi corazón para que tome tiempo para comprender que el Señor Jesús, cuya vida está escondida en Dios, también tiene su vida escondida en mí.

Cada hombre, por más capaz que sea en todas las clases de literatura humana, sigue siendo un extraño a los misterios de la redención del evangelio, hasta que Cristo mismo se lo revela. La obra del Espíritu consiste en alterar aquello que sea lo más enraizado en el alma, trayendo a luz una nueva muerte espiritual, y una nueva vida espiritual.

Andrew Murray, La obra del Espíritu

Pero ustedes son
linaje escogido,
real sacerdocio.

1 Pedro 2:9

Un sacerdocio real

En el Antiguo Testamento el concepto del reino es primordial: en el Nuevo Testamento se da preeminencia al sacerdocio.

Una de las mayores causas de la vida débil en la iglesia, es la idea errónea de que nuestra felicidad es el objeto principal de la gracia de Dios. ¡Este es un error fatal! El objetivo de Dios es mucho más santo y alto. Su propósito al salvarnos es para que nosotros a la vez podamos salvar a nuestros semejantes. Cada cristiano ha sido ungido para ser el medio para impartir a otros la vida que ha recibido.

En nuestros tiempos hay una gran necesidad por todo el mundo, de que los hijos de Dios estén concientes de haber sido elegidos por Dios, para tener un sacerdocio santo, y continuamente ministrar el sacrificio de alabanza y oración. Hay muy poca diferencia entre el mundo y el Cuerpo de Cristo. Por la vida de muchos de los hijos de Dios casi no se distingue entre estos y aquellos que están en el mundo.

Los que son salvos tienen el alto llamamiento de ser canales de la gracia de Dios para otros. La condición débil de la iglesia se puede atribuir mayormente, al hecho de que muchos cristianos imaginan que un paso seguro al cielo después de la muerte, es la preocupación principal de su salvación. La iglesia necesita proclamar el Evangelio de que somos salvados para servir. *Es un sacerdocio real.* El creyente es llamado, ni más ni menos, a proclamar que Cristo ha abierto un camino para todos para que podamos tener, día a día, una comunión viva y amorosa con el Dios santo. Hemos de declarar esto como un testimonio de la vida que vivimos en toda su bendita experiencia. En el poder de aquel testimonio, podemos comprobar su realidad, y mostrar cómo la gente pecaminosa en la tierra puede de verdad llegar a vivir en comunión con el Padre y con el Hijo.

¡Un sacerdocio real! Sobre todas las cosas, el corazón sacerdotal es un corazón con simpatía, en el cual el amor de Dios nos insta a ganar a otros para él. Esto proviene de dos motivos obligatorios: amor hacia Cristo, a quien agrado y honro al persuadir a otros a amarle; y amor hacia los otros, lo cual me llevará a sacrificar todo para que puedan compartir la misma vida celestial.

¡Un corazón sacerdotal! Aquí es un corazón que tiene acceso a Dios en oración e intercesión por quienes todavía no han llegado a conocerle. Un corazón sacerdotal que, habiendo rogado en oración por otros, tiene el coraje de hablarles respecto a Cristo. Un corazón sacerdotal en el cual la vida de Jesús, el gran Sumo Sacerdote, quien *vive siempre para interceder*, es continuada, y su poder para *salvar por completo* (Hebreos 7: 25) es manifiesto.

Espíritu de Dios, con letras indelebles, escribe en
mi corazón: «Un sacerdocio real».

Cuando los creyentes aprenden lo que su llamamiento como sacerdocio real cabalmente significa, se dan cuenta de que Dios no está confinado por su amor y sus promesas a sus esferas limitadas de trabajo. Él los invita a abrir sus corazones y, como Cristo ... a orar por todos aquellos que creen, o pueden ser llevados a creer.

Andrew Murray, El poder de la oración

PARTE 4:

La capacitación del creyente

El que permanece en mí, como
yo en él, dará mucho fruto;
separados de mí no pueden
ustedes hacer nada.

Juan 15:5

Separados de mí, nada

E l Señor Jesús cumple su gran promesa de que quienes
moran en él darán mucho fruto con las palabras: *Separados de mí no pueden ustedes hacer nada.*

¡Qué causa de humillación! A causa de que la naturaleza que heredamos de Adán es tan corrupta, en nosotros (esto es, en nuestras vidas naturales) nada bueno mora. Más que eso, nuestra vida natural está en enemistad con Dios. ¡Estamos bajo el poder del pecado a tal punto que somos incapaces de hacer *algo* bien, agradable a Dios!

¡Qué llamado a arrepentimiento! Cuán a menudo, como creyentes, hemos pensado que podemos hacer lo que es bueno. Cuán a menudo hemos pensado que necesitamos mejorarnos. Necesitamos recordar las palabras de Cristo: *Separados de mí no pueden ustedes hacer nada,* y, de allí en más, confiar solo en él.

¡Qué causa de agradecimiento! Cristo nos ha unido a sí mismo, y por lo tanto, ahora vive en nosotros. Él puede obrar en y a través de nosotros cada día y todo el día. Este es el secreto de la vida espiritual: el Señor Jesús obrando en nosotros, capacitándonos para hacer su obra.

¡Qué causa de gozo y ánimo! Todo lo que en la vida cristiana pareciera demasiado alto e inalcanzable, Cristo mismo obrará en mí. Tengo tan solo una cosa para atender, y es permanecer completamente dependiente de él para que me guar-

de y obre en mí durante el día. Cuando recuerdo *Separados de mí no pueden ustedes hacer nada*, también recuerdo, *Él que permanece en mí... dará mucho fruto.*

Él mismo cuidará de permanecer en mí y que yo lo haga en él. Esto, gloria a Dios, es la gran obra de la cual el Espíritu Santo me hace capaz. Gracias a Dios por la vida de Cristo en mí. Yo en él, él en mí, es la obra del Espíritu en cada persona que humildemente y creyendo se entrega para tal comunión con Dios.

Cree que el Espíritu Santo causará que el amor de Cristo obre en tu corazón con tal poder y omnipotencia, que podrás permanecer en su amor el día entero, y guardar sus palabras con gran gozo.

Toma tiempo en la recámara interior para darte cuenta: Cristo mora en mí. Demasiado poco he experimentado esto en el pasado, pero clamaré a Dios y esperaré en él para perfeccionar su obra en mí. Aun en el medio de mi tarea diaria, debo considerar mi corazón como el lugar de morada del Hijo de Dios y decir: He sido crucificado con Cristo, y ya no vivo yo sino que Cristo vive en mí. Solo así podrán sus palabras: *«Permanezcan en mí, y yo permaneceré en ustedes»*, ser una experiencia diaria.

Cualquier bondad y virtud en mí, querido Señor,
no son nada, sino la manifestación de tu bondad
en mí. Enséñame que una entrega total e inalte-
rable a ti, es lo único de lo cual depende
todo lo demás

La única característica que forma la base de la verdadera religión es la total dependencia de Dios, y la aceptación de que todo lo que es bueno viene del Padre.

Andrew Murray, La obra del Espíritu

Que ... el Dios de paz, los
santifique por completo, y
conserve todo su ser, espíritu,
alma y cuerpo, irreprochable
para la venida de nuestro
Señor Jesucristo. El que los
llama es fiel, y así lo hará.

1 Tesalonicences 5:23-24

El Dios
tres veces santo

¡Qué palabras inagotables! El mismo Dios de paz, y ningún otro, puede y hará la obra. Él te santificará completamente. Tu alma y espíritu enteros, y aun tu cuerpo, serán conservados sin reproche para la venida de nuestro Señor.

Esta promesa es tan grande que parece increíble. Pablo mismo percibe esto, y agrega las palabras: El que los llama es fiel, y así lo hará. Eso no deja espacio para la duda, sino que nos llama a un lugar de confianza en la fidelidad de Dios.

La Santa Trinidad realiza la obra. Dios el Padre dijo: Sean santos, porque yo el SEÑOR tu Dios soy santo (Levítico 19:2) y Yo soy el SEÑOR, que los santifica (Levítico 20:8). El Hijo oró: Y por ellos me santifico a mí mismo, para que también ellos sean santificados en la verdad (Juan 17:19). Y el Espíritu Santo es el Espíritu de santificación: quien efectúa nuestra santificación.

El Dios tres veces santo lleva a cabo la gran obra de santificarnos por medio de su morada y comunión continua, soplando su vida santa en nosotros. Así como en un frío día de invierno uno puede calentar su cuerpo al estar parado a los rayos del sol hasta que su calor penetre, de la misma manera quien toma tiempo para la comunión con Dios, se impregna con la fuerza de la santidad trino.

Qué tesoro hay en estas palabras, qué causa de adoración, qué confianza en que Dios, quien es fiel, lo hará. ¡Qué ánimo esperar en él, caminar con él, conocerle y estar seguro de que puede hacer todo lo que ha prometido! Que Dios otorgue una visión de esta santidad, gracia y poder divinos, para que podamos confiadamente sentir que él nos santificará completamente y nos preservará en espíritu, alma y cuerpo sin reproche.

Esta fe debe poseernos de tal manera que cada pensamiento sobre Cristo sea lleno con la conciencia de su presencia como el Redentor todopoderoso, capaz de salvar, santificar y darnos poder hasta lo último.

Medita en las palabras de nuestro texto, y en tu lugar de oración úsalas como una súplica a Dios: «Señor, fortalece mi corazón para que pueda ser irreprochable y lleno de tu santidad. Tú eres fiel y lo harás».

El Señor mismo, como el Dios omnipotente y que siempre actúa, nos perfeccionará en cada buena obra. Dios mismo toma tal responsabilidad sobre quien realmente confía en él, que él mismo por medio de Jesucristo, hará todo lo que es bien agradable a su vista.

Todopoderoso Dios, ningún otro sino tú puedes y de hecho guardarás mi corazón y pensamientos en Cristo Jesús. Asísteme para que pueda venir a morar en comunión cercana contigo; que el fuego de tu santidad pueda quemar en mí, y hazme santo.

Oramos a Dios el Padre ... y expresamos nuestra confianza en su amor y cuidado ... y luego dirigimos nuestra oración a Cristo Jesús ... y ... expresamos nuestra fe en ... la realidad de su presencia en nosotros. Finalmente ... dirigimos nuestra oración al Espíritu Santo ... le pedimos que nos fortalezca en la fe en que aquello que hemos pedido del Padre y del Hijo se hará en nosotros.

Andrew Murray, Poder de lo alto

Ustedes ya son hijos. Dios
ha enviado a nuestros corazones el Espíritu de su Hijo,
que clama: «Abba! ¡Padre!»

Gálatas 4:6

El Espíritu de su Hijo

E l Espíritu que mora en ti como un hijo de Dios no es otro sino el mismo Espíritu que estaba en Cristo, el de la santidad de Dios. En Getsemaní, Cristo fue movido por el Espíritu para exclamar: Abba, *Padre... pero no sea lo que yo quiero, sino lo que quieres tú* (Marcos 14:36). Él también nos mueve a experimentar el amor de Padre, y a responder con obediencia y amor como los de un niño. Así como estaba en Cristo, está en nosotros: el Espíritu de ser hijos expresándose en una vida de oración.

Puedo ciertamente esperar que el Espíritu me imparta el amor y la santidad de Dios. También puedo confiar en él, como el Espíritu del Hijo de Dios, para revelar a Cristo en mi corazón y manifestar su vida en mí. Todo lo que habló el Señor respecto a permanecer en mí y yo en él, el Espíritu obrará en mí. Por medio del Espíritu, la morada de Cristo se hace realidad, formando y manifestando en mí la mente y la disposición del Salvador.

Es más, el Espíritu Santo me equipará para el servicio de Dios. Como el Espíritu que santifica, él me revelará a Cristo como mi santificación. Me capacitará para vencer al mundo y sus enredos, y para llevar testimonio de lo que la vida de Cristo puede ser y hacer en un hijo de Dios. Él me llenará de amor para con su pueblo, para quienes no agrado, para quienes me ignoran y para quienes no conocen aún a Cristo, para que yo pueda orar por ellos y estar listo para ayudarles. Puede darme amor por el mundo entero, para que pueda testificar con entusiasmo en la gran obra de traer el evangelio a toda la humanidad.

Toma tiempo cada día con el Señor para que tu corazón sea lleno de la expectativa confiada respecto a lo que el Espíritu de Dios puede hacer por ti y por medio de ti.

¡Abba, Padre! Otórgame la visión de percibir con cuánta bendición y poder el Espíritu Santo sopla el mismo Espíritu de tu Hijo en nuestros corazones. Enséñame a entregarme a su obrar, aun como lo hizo el Hijo de Dios.

Es para respirar el mismo Espíritu de su Hijo en nuestros corazones, que el Padre ha otorgado el Espíritu Santo.

Andrew Murray, El poder de la oración

¿Acaso no saben que su cuerpo es templo del Espíritu Santo, quien está en ustedes y al que han recibido de parte de Dios? Ustedes no son sus propios dueños; fueron comprados por un precio. Por tanto, honren con su cuerpo a Dios.

1 Corintios 6:19-20

Fuiste comprado por un precio

¿Qué espera el Espíritu de ti? Tu cuerpo es su templo. Como tal, es santo, separado para su servicio. Tú no te perteneces, no tienes el derecho de agradarte. Has sido comprado a un gran precio con la sangre de Jesús. El Espíritu Santo, por lo tanto, tiene pleno derecho a tu vida entera. En 1 Corintios 6:20 somos exhortados a glorificar a Dios con todo nuestro ser.

El Espíritu Santo es el Espíritu de la santidad de Dios; él viene para hacernos santos. Él, por lo tanto, espera que yo le obedezca plenamente. Pide que yo, como quien ha sido comprado a un gran precio con la sangre de Cristo y que ya no me pertenezco, busque agradarle en todas las cosas y seguir su guía. Todo lo que le debo a Dios, y al Señor Jesús, debiera ser discernido en mi respuesta al Espíritu Santo. Él debe guiarme en todas las cosas, porque como Dios tiene derecho absoluto a mi vida. Espera que yo diga cada mañana: *Habla, que tu siervo escucha* (1 Samuel 3:10).

Si pudiéramos tan sólo aferrarnos de la bendición contenida en estas palabras: *¡Sean santos, porque yo soy santo!*... Para este propósito el Dios de santidad se reveló a sí mismo por medio del Hijo y del Espíritu Santo. Él espera que me entregue para obedecer el llamado de su voz dentro de mí. Espera obediencia absoluta. La obediencia es la prueba y el ejercicio del amor de Dios, que ha sido derramado en nuestros corazones por el Espíritu Santo. Viene del amor y guía al amor a experimentar más profunda y plenamente al amor de Dios y la morada de Dios en nosotros. Nos asegura que estamos morando en el amor del Señor. Sella nuestro reclamo de ser llamados los amigos de Cristo. Y así no es tan solo una prueba de amor sino también de fe, asegurándonos que pedimos y recibimos, porque guardamos sus mandamientos y hacemos las cosas que son agradables a su vista.

Es más, espera que yo esté muy cerca de él al tomar tiempo cada día para renovar el lazo entre ambos. Mi vida entera deberá serle entregada, para que él pueda continuar y completar su obra en mí.

Espera aún más: que en su fuerza yo pueda testificar sobre Jesucristo y ayudar a aquellos que están alrededor de mí a llegar a la fe. El Espíritu espera que mi cuerpo, que fue comprado por un gran precio, sea el templo de Dios del cual se eleve continuamente adoración y alabanza a Dios el Padre y a su Hijo Jesucristo.

Señor, otórgame que pueda entregarme enteramente a la obra de tu Espíritu en mí. Que mis deseos estén en perfecto acuerdo con sus deseos. Haz que mi vida sea la plenitud perfecta de todo lo que el Espíritu desea y anhela para mí.

La obra más importante que el Espíritu Santo hizo en el Hijo de Dios fue permitirle darse a sí mismo como un sacrificio, un sacrificio que fue un aroma agradable delante de Dios. Y el Espíritu Santo no puede hacer mayor obra en nosotros que guiarnos a la comunión con el Cristo crucificado.

Andrew Murray, El secreto de la cruz

Restáuranos, SEÑOR, Dios
Todopoderoso; haz
resplandecer tu rostro
sobre nosotros, y sálvanos.

Salmo 80:19

La oración del justo es
poderosa y eficaz.

Santiago 5:16

Restauración

Israel estaba en una gran necesidad. Sus enemigos se burlaban de ellos como si Dios los hubiera abandonado. Tres veces en el Salmo ochenta el salmista repite en su oración las palabras: *Restáuranos... y sálvanos.*

En nuestro día presente el enemigo se regocija en que a pesar de nuestras muchas iglesias, el cristianismo pareciera impotente para vencer los males del alcoholismo, la inmoralidad, la mundanalidad y el materialismo. Los hijos de Dios se preguntan: ¿Se podrá hacer algo? ¿No hay esperanza de avivamiento? ¿Será que Dios es renuente a guiar a su pueblo a una vida más plena y profunda de victoria sobre el pecado y todo lo que se oponga a Cristo? ¿No es que Dios en su gran amor ha prometido enviar a su Espíritu en respuesta a la oración?

El avivamiento está siendo muy necesitado, y posiblemente, Dios en realidad esté aguardando nuestras oraciones para comenzarlo. Él anhela que clamemos sus promesas y ejercitemos nuestro derecho como miembros del sacerdocio real (ver 1 Pedro 2:9).

La oración puede mucho. Puede mucho con Dios y puede mucho en la historia de su iglesia y pueblo. La oración es el único gran poder que la iglesia puede ejercitar al asegurar la obra de la omnipotencia de Dios en el mundo.

Santiago nos asegura: *La oración del justo es podero-*

sa y eficaz. Esto es, la de un hombre que tiene la justicia de Cristo, no solo como un ropaje que lo cubre, sino como un poder inspirándolo para vivir como un nuevo hombre creado *a imagen de Dios, en verdadera justicia y santidad* (Efesios 4:24). La oración del hombre que Dios ama, es la que tiene poder (ver Salmo 66:18-19; 1 Juan 3:22). Cuando Cristo dio sus grandes promesas de oración fue para quienes guardaran sus mandamientos. *El que me ama, obedecerá mi palabra* (Juan 14:23).

La oración es sacrificio. Nuestra oración solo tiene su valor de estar arraigada en el sacrificio de Jesucristo, al entregarlo todo en su oración *Tu voluntad sea hecha.* Nuestra postura y disposición debieran ser las de ofrecerlo todo a Dios y a su servicio.

Es solo cuando el hombre se renueva y sacude su ser entero para aferrarse a Dios, que su oración puede mucho. Jacob clamó, *¡No te soltaré hasta que me bendigas!* (Génesis 32:26), y por medio de sus ruegos constantes, la viuda persistente en la parábola no dio descanso al juez, hasta que su pedido fue otorgado (ver Lucas 18:1-8).

Si la Escritura testifica así sobre el poder de la oración persistente de parte del individuo, ¿cuánto más será verdad que tal oración es eficaz, cuando mucha gente justa ora junta? Si hay una promesa de una respuesta cuando dos o más se ponen de acuerdo (ver Mateo 18:19), entonces ¿cuánto más cuando cientos y miles se unan de acuerdo para clamar a Dios para que muestre su gran poder a su pueblo?

Que aquellos de la iglesia de hoy emulen a los muchos quienes a través de los tiempos pasados se han unido para clamar a Dios por el gran poder del Espíritu Santo. ¡Dios responderá la oración de los justos! ¿Dónde comenzará el avivamiento? ¡Con nosotros! ¡Con los hijos de Dios! Él espera que nos ofrezcamos como instrumentos para ser usados por el Espíritu Santo. Espera que nos separemos del pecado y nos dediquemos al testimonio del evangelio. Los cristianos necesitan darse cuenta y demostrar que el objetivo de su vida es servir a Dios, y rescatar a aquellos por quienes Cristo derramó su sangre. A través del tiempo, el avivamiento ha surgido en dondequiera que el pueblo de Dios ha ofrecido todo para vivir, trabajar y sufrir como lo hizo Cristo.

Unámonos a quienes se han unido para clamar ante Dios por el gran poder de su Espíritu Santo en su Iglesia. ¡Qué obra grande y bendita, y cuán perspectiva segura, en el tiempo de Dios, de una respuesta abundante!

Una cosa es necesaria, Padre: que el Espíritu de Dios traiga otra vez vida nueva en nosotros. Necesitamos la obra inmediata del Espíritu soplando y viviendo en nuestros corazones y vidas. Comienza la obra en mí, Señor.

Una cosa es (necesaria) ... que el Espíritu de Dios sea traído otra vez a su primer poder de vida en nosotros. Todo lo demás, por más glorioso y divino que en su apariencia externa sea; todo lo que las iglesias o las reformas puedan hacer por nosotros, está muerto e impotente si no tiene la obra del Espíritu de Dios, soplando y viviendo en él.

Andrew Murray, La obra del Espíritu

Crean que ya han recibido
todo lo que estén pidiendo en
oración, y lo obtendrán.

Marcos 11:24

Una cuerda triple

C onocer, desear y ejercer la voluntad: estas son las tres actividades principales del alma. Cuando un cristiano comienza a darse cuenta de qué plenitud existe en Cristo, y cuán abundante es la vida que él ofrece, estas tres palabras le mostrarán la manera en la cual participar en esto.

Conocer: No debemos contentarnos con nuestras propias ideas concernientes a nuestro crecimiento en gracia. Debemos asegurarnos que realmente conocemos lo que Dios promete hacer en nosotros, como también lo que nos requiere. La palabra de Dios nos enseña que si venimos abiertamente, con todo nuestro pecado e impotencia, y sinceramente nos entregamos a Cristo nuestro Señor, él hará en nosotros mucho más allá de nuestra imaginación más alocada. Asegúrate de que sabes lo que Dios dice que puedes pedir de él.

Desear: Debemos estar seguros de desear con todo nuestro corazón aquello por lo cual oramos, y estar dispuestos a pagar el precio por ello. Quizás nuestro deseo sea a medias. Dios creará el deseo apropiado si oramos. Quizás cuesta una lucha y un sacrificio dejar al mundo y al yo, pero el Espíritu vendrá en nuestro auxilio. La verdad, sin embargo, es que sin sinceridad de corazón y auto-entrega, poco progreso se hará.

Ejercer la voluntad: Este aspecto es el más importante. Requiere una firme resolución si la fe ha de tener el coraje de apropiarse de lo que Dios concede. A menudo es tan solo en

medio de la ansiedad y la lucha que nosotros, casi en deses-
peranza, nos extendemos para tomar aquello que Dios ofrece
libremente. Nuestra confianza necesita ser transferida solo a
Dios. Es entonces que la seguridad viene de nuestro Señor de
que él nos está fortaleciendo para entregarnos a la guía del
Espíritu. Cuando nuestro deseo se ha desarrollado en una firme
voluntad, nuestra fe se levanta para apropiarse de las promesas
de Dios.

Es el testimonio de la historia de que el avivamiento
viene por estos medios. Miles han venido así a experimentar
tal plenitud en Cristo como nunca pensaron que sería posible.
Cuánto más sinceramente te arrojes sobre la Palabra de Dios,
el amor y poder de Cristo, más temprano podrás entrar en el
reposo de fe que cesa de basarse en las obras y depende solo
de Dios quien cumplirá sus promesas en ti.

Después de su ascensión al cielo, el Cristo crucificado
fue glorificado en el trono a la diestra de Dios. Y de aquella
gloria envió al Espíritu Santo a sus discípulos, para poder ser
glorificado en ellos. El Espíritu fue la vida de comunión con él,
y el poder para su servicio. Es el mismo Espíritu que vendrá
a nosotros como el Espíritu de la gloria divina. Es el Espíritu
quien busca por los secretos profundos de Dios, quien es una
parte indisoluble de Dios, quien estuvo con Cristo durante su
vida en la tierra y en su muerte en la cruz.

Es el mismo Espíritu del Padre y del Hijo quien nos hará
poseedores concientes de la presencia del Cristo glorificado. Es
este bendito Espíritu de Dios quien será nuestro poder para una
vida de obediencia amorosa, y nuestro maestro y líder para que
roguemos que baje del cielo la bendición que necesitamos. Y
es en su poder que conquistaremos a los enemigos de Dios y
proclamaremos el evangelio hasta el fin del mundo.

La iglesia tristemente carece del Espíritu de Dios y de
Cristo. Y es por eso que el mismo Espíritu se aflige incesante-
mente. Es debido a esto que su obra es a menudo tan débil e
infructuosa.

Nada, Señor, sino tu poder y presencia verdaderamente viviendo y obrando en mí, será suficiente.

A menudo se dice que el secreto del éxito en realizar una gran tarea, es hacerlo con todo tu corazón y todas tus fuerzas. Esto es verdad también en el reino espiritual, especialmente al orar por la plenitud y el derramamiento del Espíritu Santo.

Andrew Murray, Poder de lo alto

PARTE 5:

El logro del creyente

El que permanece en mí, como
yo en él, dará mucho fruto.

Juan 15:5

La vid y las ramas

En la ilustración de la vid y sus ramas, tenemos una descripción de la nueva vida que nuestro Señor prometió, que sería la obra del Espíritu. Claramente refleja la vida de fe.

1. *No da fruto... más fruto* (v. 2), *mucho fruto* (v. 8) y *fruto que perdure* (v. 16) todos sirven para mostrar que el objeto único de la vida de fe es llevar mucho fruto para la gloria de Dios el Padre.

2. *La poda* (v. 2) habla de la obra incisiva e indispensable que el Espíritu realiza por medio de la Palabra que es *más cortante que cualquier espada de dos filos* (Hebreos 4: 12).

3. La frase, *Permanezcan en mí*, la cual aparece varias veces en el pasaje, se refiere a la comunión íntima y continua con Dios que es el privilegio del creyente.

4. *En mí ... en ustedes* (v. 4) habla de Cristo morando en el creyente por medio del Espíritu.

5. *Separados de mí no pueden ustedes hacer nada* (v. 5) declara el hecho de nuestra completa impotencia, y necesidad de una profunda humildad y una vida de dependencia constante.

6. *Mis palabras permanecen en ustedes* (v. 7); *Si obedecen mis mandamientos, permanecerán en mi amor* (v. 10); y *Ustedes son mis amigos si hacen lo que yo les mando* (v. 14) exige una obediencia indispensable de nuestra parte.

7. *Si ... mis palabras permanecen en ustedes, pidan lo que quieran, y se les concederá (v. 7)* apela a una confianza ilimitada de fe.

8. *Y se les concederá* (v. 7) promete una respuesta poderosa a la oración

9. *Así como el Padre me ha amado a mí, también yo los he amado a ustedes. Permanezcan en mi amor* (v. 9) describe la vida vivida por fe en aquel que nos ama.

10. *Les he dicho esto para que tengan mi alegría y así su alegría sea completa* (v. 11)] contiene la promesa de gozo, que es completa y moradora.

11. *Y este es mi mandamiento: que se amen los unos a los otros, como yo los he amado* (v. 12) anuncia el nuevo mandamiento, que es obedecido por medio del poder del amor de Cristo en nuestros corazones.

12. *Yo los escogí a ustedes ... para que vayan y den fruto, un fruto que perdure. Así el Padre les dará todo lo que le pidan en mi nombre* (v. 16) proclama el nombre todo prevalecedor de Cristo.

Aquí entonces está la vida que Cristo hace posible para nosotros, y la cual obra por medio del Espíritu Santo. Esta es la vida de la que carece tan tristemente la iglesia, y sin embargo, tan indispensable. Esta es la vida que es asegurada si hay una fe y obediencia como la de un niño.

Padre, guíame por medio del Espíritu al lugar de dependencia inalterable en Cristo. Ten sino una sola palabra para el más débil de tus hijos y el más fuerte de tus mensajeros: Permanece en mí. Espíritu Santo, provoca que pueda captar plenamente el secreto de morar en el Hijo de Dios.

Nuestra salvación está en la vida de Jesucristo en nosotros. Esta verdad sobre todas las verdades, cuando es comprendida plenamente y totalmente aceptada, vuelve nuestra fe entera a quien ha nacido de nuevo en el espíritu interior de nuestro ser por medio de la obra del Espíritu Santo dentro de nosotros.

Andrew Murray, La obra del Espíritu

Todo tiene su momento
oportuno, hay un tiempo
para todo lo que
se hace bajo el cielo.

Eclesiastés 3:1

Tiempo dado a Dios

E s literalmente verdad que hay un tiempo para todo. ¿Será verdad, por lo tanto, afirmar como muchos lo hacen, que no hay tiempo para comunión con Dios? De verdad, ¿podrá haber algo que merezca prioridad, más que el encontrar tiempo para comunión con Dios, en el cual podremos experimentar su amor y su poder?

El tiempo es el amo de todas las cosas. ¿Qué es la historia del mundo sino una prueba de cuán lenta pero seguramente el tiempo ha hecho al hombre lo que es hoy? Todo alrededor nuestro muestra las pruebas. En el crecimiento del niño hasta ser hombre, en lo físico y en lo mental, en el éxito de cada empresa, en todas nuestras labores, y en todos nuestros logros, es bajo la ley del tiempo y su poder inconcebible que pasamos nuestras vidas.

Esto es especialmente verdad en la religión y en la relación con Dios. El tiempo aquí también es amo. ¡Qué comunión con Dios! ¡Cuánta santidad y bendición! ¡Cuánta semejanza a su imagen, cuánto poder en su servicio para bendecir al hombre! Todo sobre esta condición: que tengamos suficiente tiempo con Dios para que su santidad brille sobre nosotros con toda su luz y calor, y para hacernos partícipes de su Espíritu y su vida. La misma esencia de la religión yace en el pensamiento: «Tiempo con Dios».

Te exhorto a que des tiempo a Dios. Necesitas tiempo para alimentarte de la Palabra de Dios, y para sacar de ella vida para tu alma. Por medio de su Palabra los mismos pensamientos de Dios y su gracia capacitadora entran en nuestros corazones y en nuestras vidas. Toma tiempo cada día para leer la Biblia, aun si es tan solo unos pocos versículos. Medita sobre lo que has leído, y así podrás asimilar el pan de vida. Si no te tomas el trabajo de dejar que Dios te hable por medio de su Palabra, ¿cómo esperas ser guiado por el Espíritu? Medita sobre la Palabra, y ponla delante de Dios en oración, como un compromiso de lo que él hará por ti. Te dará material *para* orar, coraje y poder *en* la oración. Nuestras oraciones a veces son en vano, porque hablamos nuestros propios pensamientos y no tomamos el tiempo para escuchar lo que Dios tiene para decir.

Que la Palabra de Dios te enseñe lo que Dios ha prometido hacer, cuáles son tus verdaderas necesidades, y cuánto quiere Dios que ores. De esta manera, por la oración y la Palabra tu corazón será preparado para tener comunión con Dios por medio de fe en Cristo Jesús.

Es de poco valor hablar de una vida más profunda y más abundante en Cristo, si no tomamos tiempo a diario, sobre todas las cosas, para tener comunión con nuestro Padre en el cielo. Entre todas las distracciones y tentaciones del mundo, la vida, amor y santidad de Dios no pueden ser nuestras, a menos que le demos tiempo para revelarse a nosotros y tomar posesión de nuestros corazones.

*Padre, la comunión diaria contigo es mi absoluta
necesidad. Fortaléceme para separarme cada
día del mundo, y volverme en fe al Señor Jesús,
para que pueda derramar su amor en mi corazón
y renovar en mi alma un mayor amor por él.*

El santo y amoroso Dios es realmente digno de lo mejor de nuestro tiempo, de todo nuestro tiempo. Debiéramos vivir en una constante comunión con él, pero cada día debiera tener un tiempo especial de quietud para estar con él a solas.

Andrew Murray, El trono de gracia

Otra parte cayó en terreno
pedregoso, sin mucha tierra.
Esa semilla brotó pronto
porque la tierra
no era profunda.

Mateo 13:5

La vida más profunda

La semilla sembrada sobre el terreno pedregoso brotó pronto, pero se marchitó así de rápido porque no había profundidad de tierra. Aquí tenemos una imagen llamativa de mucha religión que pareciera comenzar bien, pero falla en la permanencia.

El cristiano necesita una vida más profunda. Deja que tu vida entera sea una entrada a aquel amor del cual ora Pablo en Efesios 3.17-19: *Para que por fe Cristo habite en sus corazones. Y pido que, arraigados y cimentados en amor, puedan comprender, junto con todos los santos, cuán ancho y largo, alto y profundo es el amor de Cristo; en fin, que conozcan ese amor que sobrepasa nuestro conocimiento, para que sean llenos de la plenitud de Dios.*

Puedes estar arraigado y cimentado en este amor, y conocer el amor que sobrepasa el conocimiento, pero con una condición: debes ser fortalecido por el Espíritu en tu hombre interior, para que Cristo pueda morar en tu corazón. Entonces podrás realmente estar arraigado y cimentado en amor.

La oración de Pablo es que sus lectores puedan comprender, reconocer y ser profundamente arraigados en el amor de Cristo que sobrepasa todo entendimiento humano. Está persuadido de que el creyente puede estar tan profundamente arraigado en aquel amor que puedan ser llenos del mismo ser de Dios en la mayor extensión posible para el humano en la tierra.

¿Cómo lograremos esto? Pablo contesta: *Por esa razón me arrodillo delante del Padre ... Le pido que, por medio de sus gloriosas riquezas, los fortalezca a ustedes en lo íntimo de su ser, para que por fe Cristo habite en sus corazones* (vv. 14-17).

El apóstol enfatiza aquí tres componentes esenciales del crecimiento espiritual: oración humilde, dependencia del obrar poderoso del Espíritu, y, lo más importante, la comunión por fe con el Cristo morador.

Cristiano, toma este mensaje de la Palabra de Dios, y déjalo influenciar en tu vida. A menos que esperes en Dios a diario sobre tus rodillas, para que su Espíritu sea revelado a tu corazón, no podrás vivir la experiencia plena del amor de Dios. Toma tiempo, por lo tanto, para arrodillarte delante de él en oración cada día, meditar y apropiarte de las riquezas potenciales de las cuales Pablo habla.

No escatimes tiempo ni esfuerzo. Ten comunión con el Cristo cuyo amor por ti es el mismo que el amor con el cual el Padre lo ama, para que puedas tener una revelación de la grandeza de la condescendencia de su amor por ti.

Padre y Dios siempre bendito, ¡cuán maravillosa es la salvación que has preparado para nosotros en Cristo Jesús! Causa que realmente comprenda la vida abundante que hay en Cristo. Remueve en mi corazón un anhelo profundo e inagotable. Otórgame paz y misericordia para entrar en toda la plenitud del amor y presencia moradora del Salvador.

¡Qué tesoro hay contenido en las promesas de Dios! Deja que el Espíritu Santo las escriba en tu corazón, para que puedas recibir la impresión profunda de las riquezas incomparables y la abundante provisión (Efesios 2:7; Romanos 5:17) que podrás recibir en el trono de gracia.

Andrew Murray, El trono de gracia

El que permanece en mí, como
yo en él, dará mucho fruto;
separados de mí no pueden
ustedes hacer nada ... Mi
Padre es glorificado cuando
ustedes dan mucho fruto y
muestran así que
son mis discípulos.

Juan 15:5,8

Ganando a otros

El fruto es aquello que un árbol o vid produce para favorecer a su dueño. De igual manera, todo lo que Jesús nos enseñó sobre su vivir en nosotros, y nosotros en él, es para hacernos comprender que no es para nuestro beneficio, sino para su placer, y para la honra del Padre. Nosotros, como ramas de la vid celestial, recibimos y disfrutamos de esta gracia asombrosa de manera que podamos ganar a otros para él.

¿No te pareciera a veces que la relación intacta con Dios te evade? Quizás has fallado al ver que el propósito de tal compañerismo y comunión es que lleves fruto al guiar a otros a la misma gracia abundante de Dios. Quizás te has enfocado en tu propia santificación, gozo y crecimiento, a tal punto que te has olvidado de que el propósito de tal desarrollo espiritual es continuar la obra de Cristo. Nuestro Señor nos mostró un ejemplo al buscar la bendición y gloria del Padre por medio de una vida de sacrificio y muerte sobre una cruz. Es con el propósito de continuar con el mismo compromiso a la obra que él comenzó, que llegamos a ser ramas en la vid.

En su ministerio terrenal, Cristo declaró: *Yo soy la luz del mundo* (Juan 8:12); pero al hablar del momento en que regresaría al Padre, dijo: *Ustedes son la luz del mundo* (Mateo 5:14).

Muchos cristianos nunca tratan de ganar a otros para Cristo. Su amor es tan endeble, que no tienen deseo de ayudar a otros. Que venga pronto el tiempo en el que los cristianos se sientan impelidos a hablar del amor de Cristo.

Quizás te hayas, en numerosas ocasiones, entregado al Señor para limpieza, cuidado y santificación, pero no por causa de la preocupación de la salvación de otros. Reconozcamos nuestro fracaso en esto, y humildemente ofrezcámonos al Señor para su servicio. Comencemos orando por aquellos a nuestro alrededor, buscando oportunidades para asistirlos, y no estemos satisfechos hasta que llevemos fruto para la gloria del Padre.

¿Por qué no te examinas ahora mismo y pides gracia para pensar no tan solo en tu propia alma, sino habiendo recibido el don del amor de Dios, en que lo puedas pasar a otros? Entonces conocerás la verdadera felicidad, el gozo de traer almas a Cristo.

Señor, ayúdame a apreciar la extensión de la honra y el alto llamamiento de ser invitado a considerar a mis emprendimientos seculares como cosa secundaria, con respecto al privilegio de traer a otros a la comunión con el Padre, el Hijo, y el Espíritu Santo.

Cristo vino como propiciación, no tan solo por nuestros pecados, sino también por los pecados del mundo entero, y a completar la gran obra de la redención de la humanidad. Cuando él había logrado su parte de la tarea en la tierra, confió el resto del trabajo a su pueblo. Así como de divina y santa fue la primera, igualmente santa es la segunda parte de la tarea: traer almas en todos lados a conocer y aceptar esta gran salvación.

Andrew Murray, El trono de gracia

Si alguno ve a su hermano
cometer un pecado que no
lleva a la muerte, ore por él y
Dios le dará vida.

1 Juan 5:16

Intercesión

En la última noche, cuando Jesús prometió enviar al Espíritu Santo, dijo: *En aquel día ustedes se darán cuenta de que yo estoy en mi Padre, y ustedes en mí, y yo en ustedes* (Juan 14:20)... *Permanezcan en mí, y yo permaneceré en ustedes... El que permanece en mí, como yo en él, dará mucho fruto* (15:4-5). Enseñó que estas cosas y el fruto resultante serían logradas por medio de la oración. Ellos orarían y él concedería sus deseos.

Cristo hizo una oración de siete aspectos: *Cualquier cosa que ustedes pidan en mi nombre, yo la haré* (14:13); *Lo que pidan en mi nombre, yo lo haré* (14:14); *Si ... mis palabras permanecen en ustedes, pidan lo que quieran y se les concederá* (15:7); *Así el Padre les dará todo lo que pidan en mi nombre* (15:16), repetido en 16:23; *Pidan y recibirán, para que su alegría sea completa* (16:24); *y En aquel día pedirán en mi nombre* (16:26).

El creyente tiene el privilegio de orar por otros, y de tener a Cristo y al Padre para contestar esa oración. Recuerda que tú eres la rama de la vid celestial, no solo por tu propia salvación, sino para llevar fruto al guiar a otros a la salvación. Solamente siendo un intercesor es que la gracia es otorgada para orar por otros, y ser fortalecido para creer que Dios contestará tu oración.

Piensa en el cambio que vendría sobre una comunidad,

si cada creyente tomara el tiempo para orar por quienes no creen. ¡Cuán glorificado sería Dios en el hecho de que lleváramos mucho fruto!

Mi Padre lleno de gracia, concédeme que pueda comprender la gloria, bendición, y poder de la intercesión. Impárteme algo de tu propio corazón para los hombres y mujeres que se pierden. Luego lléname con el Espíritu de poder, para que pueda permanecer en oración hasta que aquellos por quienes intercedo sean traídos al reino de Dios.

¡Qué misterio de gloria está encerrado en la oración! ¡Pero cuánto mayor la gloria de la intercesión, cuando le dices a Dios con audacia lo que deseas para otros, y por medio de la oración, traes sobre ellos el poder de la vida eterna con todas sus bendiciones!

Andrew Murray, El poder de oración

Pues ustedes han muerto y su
vida está escondida con
Cristo en Dios.
Cristo ...
es la vida de ustedes.

Colosenses 3:3-4

Cristo, nuestra vida

Reunamos todo lo que ha sido dicho sobre la nueva vida que hemos de vivir en Cristo. Y examinemos nuestros corazones para ver si realmente tenemos la intención de vivirla.

Pablo escribe a los colosenses: *Pues ustedes han muerto y su vida está escondida con Cristo en Dios.* Solo el Espíritu de Dios puede capacitarnos para comprender y apropiarnos de la verdad de que hemos sido realmente crucificados y hechos para compartir la muerte de Cristo. La nueva vida que recibimos en Cristo por medio del Espíritu es vida que sale de la muerte. Es en Cristo que el poder de aquella es revelada como una vida crucificada en cada uno de los que lo han recibido. El Espíritu Santo me da la seguridad de que morí con Cristo, y de que el poder de su muerte ahora obra en mí.

De nuestra vida en Cristo, Pablo escribe: *Su vida está escondida con Cristo en Dios.* Es de esto que Cristo también habló en la última noche antes de su muerte: *Se darán cuenta de que yo estoy en mi Padre, y ustedes en mí, y yo en ustedes* (Juan 14:20). Mi vida está escondida con Cristo en el Padre, y de allí, por fe, la recibo nueva cada día por la obra del Espíritu Santo.

Qué gozo es saber que mi vida espiritual no es para mi guarda, sino que está escondida en Dios. ¡Y qué gozo es saber que la nueva vida de todos sus hijos a mi alrededor también está escondida en él! Qué lazo de unidad nos da esto. Cuán sinceramente debemos amarnos unos a otros y orar unos por otros.

> *Abre mis ojos, Señor, para que pueda realmente comprender la maravilla de la vida que he recibido en Cristo. Fortaléceme con poder en mi ser interior para que me sea posible captar cuán ancho y cuán alto y profundo es el amor de Cristo, y así pueda llegar a conocer aquel amor que sobrepasa el conocimiento, y ser lleno a la medida de toda la plenitud del Padre, Hijo y Espíritu Santo.*

Desde el derramamiento del Espíritu Santo, Cristo tiene su hogar en cada corazón que ha sido limpiado y renovado por el Espíritu. El mensaje viene a cada creyente, por más débil que sea: ¿Acaso no sabes que eres el templo de Dios?

Andrew Murray, Poder de lo alto

DISFRUTE DE OTRAS PUBLICACIONES DE EDITORIAL VIDA

Desde 1946, Editorial Vida es fiel amiga del pueblo hispano a través de la mejor literatura evangélica. Editorial Vida publica libros prácticos y de sólidas doctrinas que enriquecen el caudal de conocimiento de sus lectores.

Nuestras Biblias de Estudio poseen características que ayudan al lector a crecer en el conocimiento de las Sagradas Escrituras y a comprenderlas mejor. Vida Nueva es el más completo y actualizado plan de estudio de Escuela Dominical y el mejor recurso educativo en español. Además, nuestra serie de grabaciones de alabanzas y adoración, Vida Music renueva su espíritu y llena su alma de gratitud a Dios.

En las siguientes páginas se describen otras excelentes publicaciones producidas especialmente para usted. Adquiera productos de Editorial Vida en su librería cristiana más cercana.

Una vida con propósito CD

Estas grabaciones ofrecen las pautas a seguir para llevar una vida cristiana en el siglo veintiuno... un estilo de vida basado en los propósitos eternos de Dios, no en los valores culturales. Usando más de 1,200 citas bíblicas y referencias a las Escrituras, las mismas ofrecen un reto a las definiciones convencionales de adoración, comunión, discipulado, ministerio y evangelismo.

0-8297-4535-1

BIBLIA NVI
LIBERTAD EN CRISTO

0-8297-4067-8

BIBLIA RVR60 LIBERTAD EN CRISTO
0-8297-4096-1

Lo que parecería una falsa retórica es real: se puede ser libre en Cristo. Libre de las depresiones, las adicciones, la rabia, la ansiedad, el miedo o cualquier otro problema que haya permanecido por mucho tiempo. Si la libertad es algo que ha perseguido para usted o para alguien a quien ama, este sencillo estudio de cincuenta y dos semanas de la Biblia (versión RVR60) representará una profunda y duradera experiencia.

Nos agradaría recibir noticias suyas.
Por favor, envíe sus comentarios sobre este libro
a la dirección que aparece a continuación.
Muchas gracias.

7500 NW 25 Street, Suite 239
Miami, Florida 33122

Vida@zondervan.com
www.editorialvida.com